平野真理［著］

自分らしい
レジリエンスに

潜在的な回復力を引き出す
心理学のアプローチ

気づくワーク

金子書房

この本をお読みくださる方へ

　この本を読もうとされている方は、何かしらの逆境に置かれて、つらさや落ち込みを抱えていらっしゃり、それをご自身の力で乗り越えなければいけない、あるいは自分にはそれを乗り越える力が足りないと感じて、レジリエンスを高めようとされていらっしゃるかもしれません。本書のワークは、取り組む方のレジリエンスを発揮するためのヒントを探すことを目指すものです。ただその前にお伝えしておきたいことは、あなたがその状況で落ち込み、苦しんでしまっているのは、おそらく、あなたのせいではないだろうということです。そしてその苦しみは、環境や社会の価値観が変わりさえすれば、楽になる部分がきっとあるだろうということです（このことについてはワーク2で説明します）。

　ですので、もし自分がいま落ち込んでいる状況を自分の責任（例えば心の弱さ）であると感じてしまっているとしたら、そうは考えないでいただきたいと思います。そこまで深い傷つきや苦しさを抱えたのだとしたら、それはご自身にとってそれだけ大きなことで、なかなか立ち直れなかったとしても仕方がないのではないでしょうか。その苦しみは、責めるべきではなく、労わるべきものだと考えます。その上で、ご自身がそこから少しでも楽になるためには、レジリエンスの発揮という視点が役に立つかもしれません。

　本書は、レジリエンスを促進することを目指したアプローチとして、個人のレジリエンスを望ましい方向性に「高めよう」とするよりも、その人がすでに持っているレジリエンスへの気づきを促すことを大切に考え、その人らしいレジリエンスを「発揮できるようになる」ことを目指したものです。すでに国内外においてはさまざまなレジリエンス・プログラムが開発されており、それらのプログラムにおいても、個人の持つ能力や強みに注目して高めようとする視点が含まれています。そうしたプログラムは効果的である一方で、「自分はレジリエンスが低い」「自分には強みが1つもない」「自分は心が弱い」と強く語る方々に対しては、自身のポジティブな側面に目を向けてもらうことの難しさを感じてきました。「自分にはレジリエンスがない」という語りの背景には、「本当はもっとこうあるべき」「他の人と比べてぜんぜんだめ」「水準に達していない」というように、何かの理想像と自分とを比べてしまう自己評価があります。そのような状態の人にとっては、自身の

強みやポジティブな面に注目するように促されることで、「ポジティブであるべき」とい
う理想的なレジリエンスのあり方を突き付けられるかのように感じてしまうように思われ
ました。そこで、ポジティブな面に注目するという要素を減らし、その人の生きているそ
のままを見つめ、肯定できるようなワークを作れたらと思って考案したのが本書のプログ
ラムです。ワークをとおして、少しでもご自身のレジリエンスに気づき、自分がこれまで
に頑張ってきたことを大切に思うきっかけを持っていただけたら幸いです。

はじめに

レジリエンスという希望

　本書のテーマであるレジリエンスとは、人が落ち込みから心理的に回復する力や、逆境のなかで適応できる力のことです。日本では 2011 年の東日本大震災の後、この言葉を目にすることが多くなりました。アメリカでは 2001 年 9 月 11 日の同時多発テロの後にこの言葉がよく用いられるようになったことからも、人の力ではどうにもならないような大きな逆境状況が起こったとき、このレジリエンスという概念は注目を浴びるようです。

　一方で、このレジリエンスという概念は、日本語訳もさまざまで、定義もあいまいで、書籍によって異なる説明がされていることもあり、いったいどのような力なのかよくわからない概念でもあります。にもかかわらず、保育、教育、保健医療、ビジネス、地域コミュニティなど、領域を越えた多くの人々がこのレジリエンスという言葉に惹きつけられています。私はレジリエンスの研究や実践を通して多くの方々と出会いましたが、そのなかで感じたことは、多くの人が、このレジリエンスという概念に"それぞれの"期待を持って向き合っていることです。「逆境に負けたくない」「もう苦しみ続けたくない」「昔に戻りたい」「前に進みたい」…それぞれの方が人生のなかで、自分自身あるいは周囲の方との関係のなかで抱えてきた大切なテーマを解決する答えが、この概念にあるのではないか、という切なる願いを抱えてこの概念に出会い、希望を見出しているように感じました。それゆえに、それぞれの方がレジリエンスをどのように捉えているのかには実はかなりズレがあり、同じ言葉を使っていても、実際には異なる現象を想定している、という場面にも多く出会ってきました。はじめはそうした理解のずれにもどかしさを感じたり、概念としての弱さを感じたりしていました。しかし徐々に、レジリエンスという概念があいまいだからこそ、これだけ多くの人がこの概念に対して自由に希望を持つことができているのだと気づきました。

　ですので、この本で扱うレジリエンスの理解にも、多分に著者である私自身の「願い」や「希望」が含まれています。そこではじめに少し、私がどのようにこの概念を捉えているかについて触れておきたいと思います。私がレジリエンスという概念に出会ったのは、大学の卒業論文のテーマを考えていたときです。その際に私のなかにあった問いは、「同じ傷つき体験をしても強くダメージを受けてしまう人と、そうでない人がいるのはなぜなのか」ということでした。例えば、「誰かに酷いことを言われた」という同じ体験をしたとしても、全然気にしない人もいれば、夜も眠れないくらい考えて傷ついてしまう人がいます。どうしてこのような個人差が生じてしまうのか、後者の人はすごく損をしているのではないか、と不公平に感じ、そ

れを打開するヒントを探していました。そのなかで出会った本に書かれていたのが、ストレス脆弱性というキーワードでした。ストレス脆弱性は、ストレスに対する傷つきやすさに個人差があるという考え方ですが、そうした性質は生まれ持った特性であり、基本的にあまり変わらないとされています。つまり傷つきやすい人は生まれつき傷つきやすく、鈍感になることはなく、これからも傷つきやすく生きていく、ということになり、それはとても救いようがないことのように感じました。ただその本にはもう1つ、脆弱性の対極概念としてのキーワードが示されており、それがレジリエンスでした。このレジリエンスの何が魅力的だったかというと、ストレス脆弱性とは違って、「誰もが高めることができる力である」と書いてあったのです。それを見たときに、もともと傷つきやすい人であっても、その後の発達のなかでレジリエンスを高めることができれば、強い心が得られるのではないかと思いました。

変わりたい、変われない、変わっていく部分もある

　このように、私自身はレジリエンスという力を、「傷つきやすさを持っていても身につけられる力」という期待をもって研究していきました。ところがその後、研究を進めるなかで、レジリエンスは本当に誰もが高められる力なのだろうかという疑問が出てきました。ちょうどパーソナリティの気質理論（パーソナリティは、生得的に持って生まれる気質の部分と、その後の発達で身につけていく部分との2層構造になっていて、気質の部分はなかなか変わらない）が広まった時期でもあり、レジリエンスをその人のパーソナリティの1つであると見るならば、やはり変わりにくい部分があるのではないか、と感じられたのです。そこで、誰もが高めることができるとされるレジリエンスを、「身につけにくい側面」と「身につけやすい側面」に分けて捉えることを試みました。その経緯については別の書籍（平野，2015）にまとめたためここでは詳細は省きますが、研究を通して分かってきたことは、もともと傷つきやすい人たちは、傷つきにくい人たちとは違う立ち直り方をしているということでした。1つ例を挙げるならば、ストレス状況に直面したとき、その状況を楽観的に捉えて明るい未来を思い描くというやり方は、非常に適応的な対処方法です。楽観性や肯定的な未来志向は、レジリエンスの構成要素の1つとされています。しかし一方で、ネガティブに物事を捉えやすい人々は、むしろ悲観的な未来を想定することによって、冷静に効果的な対処行動をとれる場合があります。そしてその人たちが、楽観的な人々と同じやり方をしようとしても、あまり上手くはいかないようなのです。そのことから、**傷つきやすい人たちのレジリエンスを「高める」ことを目指すのではなくて、その人が持っているレジリエンスの気づきを促す、言い換えると、その人は「変わらずに」自身がやってきたことや、できていることへの気づきを促すことで、もともと持っているはずのレジリエンスを発揮できるようにすることが重要**だと考えはじめました。

　とはいえ、個人が今よりもレジリエンスを発揮できるようになるためには、もともと持って

いるレジリエンスへの「気づき」だけではなく、新たに「増やす」という方向性もあります。図1は、個人のレジリエンスを拡げるアプローチを〈増幅―発掘〉と〈個人―他者〉という2つの軸でまとめたものです。〈増幅―発掘〉の軸は、新たに増やしていくのか、持っているものに気づいていくのかを表す軸です。過去を振り返ったり、他者からフィードバックされることによって、自分が本来持っている力を「発掘」していく方向と、本から得る知識によって、新たなコーピングの方法を学んだり、ポジティブな考え方の枠組みを習得することによって「増幅」する方向があると考えられます。また〈個人―他者〉の軸は、その発掘や増幅を自分自身で行うか、他者との間で行うかを示す軸です。他者からのフィードバックによって、自分のレジリエンスへの気づきがもたらされることはもちろんですが、それだけでなく、他者の存在が新たなレジリエンスを増やす機会となる場合もあります。すなわち、新たな他者との関係性や、与えられた役割のなかで、これまでにはなかった能力が引き出されたり、誰かの役に立てたりすることで、新たなレジリエンスを発揮できることがあると言えます。

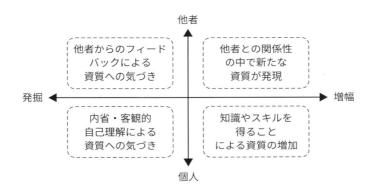

図1　個人のレジリエンスを拡げるアプローチ（平野、2017）

実践に向けての2つの課題と本書の目的

　それぞれの人が潜在的に持っているレジリエンスへの気づきを促し、発揮させることを目指すアプローチを実践するにあたって、大きく2つの課題がありました。

　1つ目の課題は、**自分が持っているレジリエンスや、ポジティブな資質に気づくことの難しさ**です。特に、いま自信を失ってしまっていたり、失敗を積み重ねて自己効力感が低くなってしまっている人にとって、自分のよい部分に目を向けたり、自分を肯定的に評価することはとても難しいことです。専門家との一対一のカウンセリング場面であれば、じっくりと対話を重ねるなかで、本人の経験や資質を確認していくことができますが、それにはマンパワーや時間が必要です。そのため、本人が気づいていない、自分のよい部分にうまく気づいていけるよう

なワークの工夫が求められます。

　本人が気づいていないその人の側面にアプローチする方法の１つに、投影法があります。投影法とは、写真や刺激画などのあいまいな課題に対する自由な反応をとおして、その人の心のより深い部分の特徴を知ろうとする心理テスト技法です。投影法ではない一般的なテストでは、「あなたは人と話すのが好きですか？」などの質問に対して「はい／いいえ」といった自己評価を行い回答します。そうした質問からは、「自分が知っている自分」以上の気づきはなかなか得られません。一方で投影法では、自分についての直接的な質問に回答するのではなく、「これが何に見えるか」「ここから何を連想するか」といった課題に心のままに取り組んでいくなかで、自分でも気づいていなかった自分の特徴が浮かび上がることがあります。

　一般的なレジリエンス・アプローチにおいては、自分で自分を客観的に見ることで、レジリエンスの特徴を確認していくものが多いでしょう。しかし心の回復は、自分では意識していない行動によって生じている場合も多いのです。例えば、本人が特に重要と捉えていないルーティンによって精神的安定が保たれていたり、他者がうまく手を差し伸べてくれることで知らず知らずのうちに感情調整を行っていたりする場合などもあると思われます。投影法を用いて、そのような非意識的な側面に焦点をあてていくことで、自分で認識していない潜在的なレジリエンスへの気づきを得られる可能性があります。

　続いて２つ目の課題は，知らず知らずのうちに**"社会における理想のレジリエンス"のものさしで自分を評価してしまいやすい**ことです。逆境をどのように乗り越えるべきか、というレジリエンスの理想像は、社会の価値観の影響を大きく受けています。社会の価値観にそぐわない状態は、それが本人にとって心地よい状態であったとしても、周囲からはレジリエンスと見なされにくいといえます。例えば、「常に愚痴を言っている」という状態は、本人にとっては心が安定している状態であったとしても、一般的にはよくない状態だと見なされてしまうでしょう。本来、レジリエンスは主観的なウェルビーイングや精神的健康に向かう心の動きであり、そのあり方に正解はないにもかかわらず、実際には「よい適応／不適応」というものさしで捉えられてしまいやすいという課題があります。

　特に、レジリエンス尺度によって数値的な評価を行う際には、得点が高いか低いかというシンプルなものさしを持ちやすくなります。そうしたものさしの上では、個々人がどのようなプロセスで適応し、どのような結果に至ることができたのかという、レジリエンスの多様な個人差は見落とされてしまいやすいと言えます。

　そうした課題を解決するために、本書では、①投影法を用いたワークによって自分の潜在的なレジリエンスへの気づきを促し、②他者とのシェアリングや、他者の回答例に触れることを通してさまざまなレジリエンスのあり方に気づくことを目指すアプローチを紹介します。投影

法を通して表現された多様なレジリエンスを他者とシェアすることで、レジリエンスが人によって異なり、レジリエンスのプロセスには一見ネガティブな方法も含むさまざまなあり方が存在し、また自分がこれまでに知らず知らずのうちに発揮してきた自分なりのレジリエンスへの気づきが生まれる可能性が期待されます。

　投影法には、「よく見せなければ」とか「こう見られたくない」といった心理的な防衛が働きにくいという特徴があります。例えば、「努力する」ことは、日本社会のなかでは一般的によいこととされています。そのため、「努力することを大事にするほうだ（はい／いいえ）」という質問項目に答えようとするとき、「はいと答えた方がよいのだろうな…」という考えが浮かんできて、自己評価に影響をもたらしてしまうことがあります。あるいは、「私はほかの人に比べたら努力しているとは言えないのではないか…」という気持ちがわいてきて、「はい」と答えることに抵抗を感じてしまう人もいるかもしれません。投影法は、そうした尺度やテストとちがって、「これで何を評価しようとしているのか」が分かりにくいため、良い答えをしなければいけない、本当の気持ちを知られたくない、といった心のハードルが下がるのです。評価から離れて自由に回答することで、自分でも意識していない特徴をすくい上げやすくなります。

　表1に示したように本書ではまず STEP1【レジリエンスを捉え直す】（ワーク1～3）を通して、レジリエンスという概念についての理解を深めます。そして STEP2【自分のリソースを確認する】（ワーク4・5）では、尺度等を用いながら自身の資源や特性を客観的に見つめるワークを行います。そして STEP3【潜在的なレジリエンスに気づく】（ワーク6～9）では、投影法を用いたアプローチを行い潜在的なレジリエンスへの気づきを目指します。ワーク10では、それまでのワークによって見つけた自分のレジリエンスをまとめてレジリエンス・プロフィールを作成します。加えて STEP4【自分のレジリエンスの価値を知る】として、ワーク11では、他者との関係のなかにレジリエンスを見つけるペアワーク、ワーク12では少し視点を拡げて集団のなかにおける個人のレジリエンスについて考えるワークを紹介します。

　本書は、ひとりでゆっくりと取り組んでいただけることを想定していますが（ワーク11以外）、誰かと一緒に取り組み、回答をシェアし合うことも効果的です。各ワークには、実際に取り組んだ方の許可を得て、適宜「シェアリング」として回答例を載せています。ぜひ、自分以外の人の回答を眺めてみてください。他の人の回答のなかに、自分にもあてはまるものが見つかるかもしれません。または、自分には全くなかった発想に触れることができるかもしれません。

　また、本書のワークは、著者が実施したいくつかの調査研究をもとに考案しましたので、それらの研究結果についてもご紹介します。こちらもご自身のレジリエンス理解を深める参考になれば幸いです。

表 1　本書の構成

STEP1	レジリエンスを捉え直す	ワーク 1	レジリエンス概念を知る
		ワーク 2	社会の暗黙の価値観に気づく
		ワーク 3	レジリエンスの「高さ」を問い直す
STEP2	自分のリソースを確認する	ワーク 4	自分の外的資源を確認する
		ワーク 5	自分の内的資源を確認する
STEP3	潜在的なレジリエンスに気づく	ワーク 6	レジリエンス観に気づく
		ワーク 7	志向性に気づく
		ワーク 8	可能性に気づく
		ワーク 9	イメージに気づく
		ワーク 10	レジリエンスをプロフィールで捉える
STEP4	自分のレジリエンスの価値を知る	ワーク 11	他者との関係のなかに表れるレジリエンス
		ワーク 12	グループの視点から見た個人のレジリエンス

目　次

STEP1
レジリエンスを
捉え直す

ワーク 1

レジリエンス概念を知る

　自分のレジリエンスを見つめる前に、まずはレジリエンスという概念を捉え直すためのワークに取り組んでいきます。

　はじめに、なにも解説を読まない状態で、あなたが「レジリエンス」をどのような力であると認識しているか、確認しましょう。

ワークに取り組む前のレジリエンス・イメージを確認する

あなたが思い描く「レジリエンス」とはどのような力ですか？
漠然としたイメージでかまいません。

（1）レジリエンスとは…

_____力

（2）レジリエンス　から連想する言葉／イメージ
　　・
　　・
　　・
　　・
　　・

シェアリング

(1) レジリエンスとは…

何かがあってもすぐ回復できる力

決して潰れない力

何事にも前向きである力

あきらめない力

ストレスに打ち勝つ力

(2) レジリエンス　から連想する言葉／イメージ

打たれ強い　　タフ　　回復　　ポジティブ　　ライフスキル　　前向き

精神的健康

おきあがりこぼし　　バネ　　柳の木

＊グループワークのときは、他の人の回答をメモしてみてください。

レジリエンスとは「しなやかな」「柔らかな」強さ？

　レジリエンスは、「ストレスや逆境状況のなかでうまく適応し、心理的な傷つきから立ち直れる力」のことを指す概念で、回復力、復元力、弾力性、逆境力などさまざまな訳語が用いられています。もともとは物理学の用語であり、「変形された物が元の形に戻る復元力」のことを指す言葉でした。例えば、ゴムボールを両手でぎゅっと押さえてつぶそうとすると、ボールはその圧力を跳ね返して元のかたちに戻りますが、それが物体のレジリエンスです。その現象を人の心にあてはめて、何らかの困難に見舞われてもその困難を跳ねのけたり、ストレスに押しつぶされても元の状態に戻ることができたりする心の力をレジリエンスと呼ぶようになりました。

　「心の強さ」に関する言葉はレジリエンスの他にもたくさんありますが、レジリエンスという言葉で表されるのはそれらとどう違うのでしょうか？　コップを例に挙げて説明してみましょう。図2に①ステンレス、②ガラス、③プラスチック（ペットボトル素材）という3つのコップがあります。それぞれのコップにハンマーで衝撃を与えたとします。ステンレスのコップは、傷1つつきません。それに対してのガラスのコップとプラスチックのコップは壊れてしまいます。この違いが、一般的にイメージされる「心の強さ（hardiness）／弱さ（vulnerability）」であると理解できます。つまり、ガラスやプラスチックのコップのように、衝撃（ストレス）によって壊れてしまう心のことを「傷つきやすい」と表現することが多いと思います。

　しかし、その後のことをイメージしてみると、ガラスとプラスチックのコップには違いがあります。ガラスのコップは粉々に砕けてしまっているため、その後に修復することが困難です。一方でプラスチックのコップは、くしゃくしゃになったものを少しずつ伸ばしていくこと

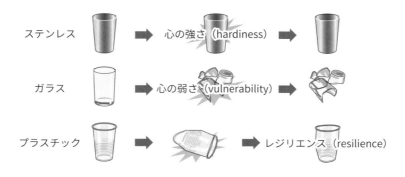

図2　ステンレスとガラスとプラスチックのコップ（平野、2018）

で、元通りにはならないかもしれませんが、また水を入れることができるようになります。この、"また水を入れることができるようになる強さ"がレジリエンスという言葉が示す心の強さです。

　もう1つ違う例を挙げてみましょう。サッカーボールと紙風船を思い浮かべてみてください。どちらのボールが「強い」と思いますか？　ほとんどの人が「サッカーボール」と答えるのではないでしょうか。素材や軽さを比較すれば、どう考えても紙風船よりもサッカーボールの方が頑丈です。しかし、大きなゾウに踏みつぶされるような、大きな衝撃をイメージすると、少し印象が変わってきます。固いサッカーボールはパンっと破裂してしまいますが、紙風船はシュッと空気が抜けて、破裂せずうまくつぶれることができます。そして、また空気を入れれば丸くふくらませることができるでしょう。つまり、サッカーボールのように固く頑丈な物体は、ある程度の弱い衝撃に対してはとても強いと言えますが、非常に強い衝撃に対しては再起不能なダメージを負ってしまう傾向にあると分かります。それに対して、紙風船のように、形状を変えられる柔らかい物体は、壊れ切らずに済むという強さを持っています。

　レジリエンスが「しなやかな／柔らかい」強さと説明されるのは、レジリエンスが傷つかない強さではなく、大きな衝撃につぶれ切らない強さであることを強調しているからです。つまりレジリエンスは、鋼の心ではなく、マッチョな心でもありません。落ち込んでしまったり心が折れたり傷ついたりしながらも、何とかその場を乗り切って、そこからまた歩いて行ける力だったり、自分の気持ちを楽にする力、新しく自分を変えていける力のことであったりするとイメージできます。

レジリエンスに含まれる2つの力

　レジリエンスは、「ストレスや逆境状況のなかでうまく適応し、心理的な傷つきから立ち直れる力」と述べましたが、実は、そこには少し質の異なる2つの力が含まれています。

　図3は、何らかのストレスフルな出来事による衝撃を受けたときの心の動きについて、横軸を時間経過、縦軸を心理状態として表したものです。ここではレジリエンスは、ストレスによって多少落ち込みはするものの、V字に折り返し、また元通りの水準に回復できる力として描かれています。

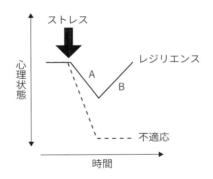

図3　V字で表現されるレジリエンス（平野、2022）

　ここで描かれている力の１つは、ストレスに直面しても「落ち込みにくい力」であり、落ち込みつつも不適応の状態までいかないV字の左半分（Aの部分）に相当します。これは、いわゆるストレス耐性とも言い換えられます。具体的な例を挙げるならば、「人間関係で嫌なことがあってもあまり気にしない」「大きな失敗をしても引きずらない」「挫折を経験してもめげずに挑戦し続けられる」「新しい環境にすぐに慣れることができる」「大切な人との別れを経験してもいつも通り仕事をこなせる」…といったことがあてはまると思われます。一時期、心が折れるという表現をよく耳にしましたが、ストレス耐性が強い人は、何かつらいことがあっても心が折れにくい人だと言えるでしょう。

　一方で、レジリエンスにはV字の右半分（Bの部分）に相当する「落ち込みの後に、立ち直り、適応していける力」も含まれています。ストレスをもたらす出来事には、小さなものから大きなものまでありますが、大切な人との別れや、いじめ、暴力、災害などの大きな出来事を経験した際には、落ち込まない方が不自然ですし、その落ち込みはある程度長く続くことが想定されます。もちろん、出来事がもたらすストレスの強さは本人の感じ方にもよって異なりますし、他の人には分からない個別の事情や経緯がありますので、出来事の種類で一概にストレスの強さを判断することはできません。周りから見れば些細なことでも、本人にとっては大きな危機であることも多くあります。そうした落ち込みから、本人なりの方法で何とか脱し、また歩き出していける力がレジリエンスのもう１つの側面です。例えば、「仕事を続けることが困難になり退職せざるを得なくなってしまったが、休養期間を経て、自分に合った仕事に就くことができた」「すべてにやる気をなくし、お酒に依存してしまったが、あるきっかけを機に打ち込めるものを見つけて生活を整えることができた」といったケースがイメージしやすいかもしれません。つまり、先にあげたストレス耐性に比べると、もう少し長いスパンでの適応・回復のプロセスが含まれるのです。また、落ち込みから抜け出すためには、本人が積極的な対

処行動をとる必要があると考えられやすいですが、必ずしも積極的な対処行動が有効な場合ばかりではありません。場合によってはうまく時間の流れに身をまかせたり、サポートを得たりする、ある意味で受動的な適応が必要な場合もあり、レジリエンスはそうした適応プロセスも含んでいます。

　このように、レジリエンスという言葉には、少し質の異なる2つの力が含まれているのですが、あまりそのことは意識されていないようです。もちろん両者は関連し合っていて、厳密に分けられるものではないかもしれませんが、レジリエンスという言葉を目にした際に、それが主にどちらの力を指しているのかを考えてみると、混乱や誤解が少なくなると思います。

　本書でテーマとしているレジリエンスは、どちらかと言うとV字の右半分、落ち込んだ後の適応・回復としてのレジリエンスに焦点を当てています。

ワーク

レジリエンス・イメージを拡げる

　レジリエンス概念についての説明を読んで、先ほどのレジリエンス・イメージに加えられそうなイメージはありますか?
- ・
- ・
- ・

シェアリング

| ゆっくり | 新しい | 変化 | 休む | ていねい | ラッキー |

| 環境に助けられる |

| コンクリートの隙間から芽吹く小さな草 |

社会の暗黙の価値観に気づく

　レジリエンスをシンプルに定義すると、「逆境」において「適応」できる力であるとされています（Fletcher & Sarkar, 2013）。しかし、"どのような（どの程度の）逆境"において"どのように（どの程度に）適応"すればレジリエンスである、という明確な基準があるわけではありません。その基準は、その人の生きている文化や社会によって異なりますし、さらには個人や家族など、その人が暮らすコミュニティの価値観によって異なります。

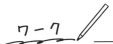

あなたがイメージする「逆境」と「適応」

あなたが「レジリエンスが必要である」と感じる状況について思い浮かべてください。

①それは、どのような困難状況でしょうか？（…自分にとっての「逆境」）
②もしあなたにレジリエンスがあれば、どのような状態になれると想定しますか？
　あるいは、どのような状態になりたいと願いますか？（…想定される「適応」）

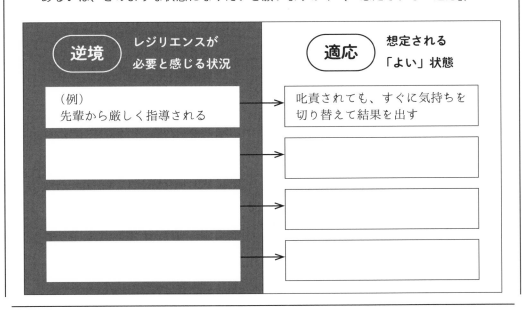

シェアリング

逆境 レジリエンスが必要と感じる状況	適応 想定される「よい」状態
勉強についていけない	→ 成績良好、勉強熱心
学校に行けていない	→ 毎日元気に学校に通えている
友達ができない、友達とのケンカ	→ 友達とよい関係を持てる
部活で選抜メンバーから外された	→ 悔しさをばねに練習に取り組む
欲しいものを買ってもらえない	→ 欲しいものを我慢する
家族との関係が悪い	→ 家族の仲がいい
スクールカースト	→ 誰とでも仲良くできる
朝起きられない	→ 朝きちんと起きることができる
学校行事になじめない	→ 友達と協力し、行事を楽しむ
いじめや被害に遭う	→ 大人に助けを求められる
仕事に就けていない	→ 働いている
就活がうまくいかない	→ 積極的に動いていける
就きたい職業と能力にギャップがある	→ 折り合いをつける
経済的に苦しい	→ 自立して生活できる収入を得ている
自分に自信をもてない	→ 自信を持てる長所がある
社会の不況	→ その状況を受け入れる
人づきあいが疲れる	→ 人とうまく関わることができる
仕事でのミス	→ 反省して次に生かす
職場での厳しい評価	→ 何でも平均的にこなせる
やる気がわかない	→ 何事にも一生懸命に取り組んでいる
婚活がうまくいかない	→ よいパートナーを見つけられている
失恋	→ 忘れて前に進む
人からの言葉に傷つく	→ 何を言われても気にしない
将来への不安	→ 楽観的に考える
孤独やさみしさ	→ ひとりでも楽しめる
コンプレックス	→ 受け入れる、努力して乗り越える
ハラスメント	→ 毅然とはねのけられる

社会の暗黙の価値観に気づく

　このワークでは、自分が漠然と"レジリエンスが必要だ"と感じるときに、どのようなことを「逆境」であると考えているのか、さらにどのような状態が「適応」であると考えているのかについて、改めて考えていただきました。その状況を逆境と捉えるかどうか、そして、その逆境のなかで目指すべき適応的な姿というのは、実は社会のなかにある暗黙の規範の影響を強く受けています。

　例えば、日本の子どもにとっての一般的な逆境と適応を考えてみましょう。社会問題として取り上げられるような逆境状況としては、いじめや不登校が挙げられます。それに対する適応とは何かと考えると、"毎日元気に通学していること"になります。つまり私たちの社会では、"学校内での対人関係のトラブルを回避し、毎日元気に学校に通える"という力が、子どものレジリエンスの1つとして想定されていることが分かります。学校にどうしてもなじめず苦しい状況に陥ったとき、もし学校さえ行かなければ楽になるのであれば、本当は行かなくてもよいはずです。しかしながら、できれば学校に通えることがよいという考え方は日本社会に浸透しています。

　では一方で、内戦や過酷な貧困が問題となっている国の子どもにとっての逆境と適応を考えてみるとどうでしょうか。彼らにとっての逆境は、生死を揺るがすような暴力や生活の困窮であると推察されます。それに対する適応は"何とか死なずに生き延びること"であり、当たり前ですが"毎日学校に通えていること"とは水準がちがいます。つまり両者のレジリエンスは、同じレジリエンスという言葉を使っていても、想定されている状態がかなり違うのです。国レベルの文化の違いだけでなく、職業の違いや、コミュニティの違いによって、想定されるレジリエンスはさまざまに異なることに留意が必要です。

　シェアリングで示したワークの回答例からも、現在の日本社会において、どのようなことが「逆境」とされており、その逆境に対してどのような状態になることが「適応」とされているのかを見て取ることができます。例えば「悔しさをばねに練習に取り組む」「反省して次に生かす」というように、自らの積極的な努力によって適応に向かう姿が目立っています。つまり現代日本において逆境は、個人の積極的な努力によって乗り越えるものであるという認識が根底にあることがうかがえます。

　日本社会では逆境を乗り越えることが美徳とされる側面があり、「逆境をチャンスだと捉えること」が望ましい姿勢であると思われやすいといえます。しかし改めて逆境状況について考えてみると、そのほとんどが努力によって乗り越えたくてもどうしようもない状況なのではないでしょうか。

　にもかかわらず、

STEP 1　レジリエンスを捉え直す

「自分が置かれている状況は、努力で乗り越えるべきである」

「みんなつらいなかでも頑張ってやっているのに、私には心の強さが足りない」

というように、**社会に求められている「適応」にあてはまらない状況を自分の力不足と考えてしまうこと、これこそが現代社会の逆境であるともいえると考えられます。**

　レジリエンスが必要となる「逆境」は、その人が置かれた環境や社会によって作られているものです。ですから、**その状況に対して社会が求める形で「適応」することは、本来、個人の責務ではない**のですが、私たちは知らず知らずにそれを個人の責務であるように感じ、努力をする傾向があります。

　立ち止まって考えると、その逆境での苦しみは、社会が暗黙に規定する「適応」のあり方が緩まることで、緩和されるものであったりします。例えば、「朝起きれず仕事を続けられない」という逆境状況に適応するためには、「規則正しい生活習慣を整える」という努力が必要であると考えられがちですが、もしかしたら、「週5日、朝8時から通勤」という社会が規定する"普通"が緩まることで解決することはないでしょうか。

　「個人のレジリエンスの高さは、適応をもたらす」というのは確かにその通りです。だからと言って、「逆境のなかで適応できないのは個人のレジリエンスが低いからである」というのは正しくありません。個人の心が、勝手に傷つき落ち込んでいるのではないからです。

　また、自分の苦しい状況について、「もっと大変ななかでも頑張っている人がいるのだから、私の苦しみは甘えだ」と考えてしまい、逆境を逆境だと言えない人もいるかもしれません。逆境は本来とても個別性の高いもので、ある人にとっては特に逆境ではないことが、ある人にとっては苦しい逆境であることがたくさんあります。そして、その状況に対する適応のあり方も人によって異なります。例えば、「成績が下がってしまった」という状況に対して、「また頑張って成績を上げよう」と、必死に歯を食いしばって頑張る人もいれば、「少し休んで勉強以外のことにも目を向けよう」と目線を変える人もいます。日本社会の価値観においては、前者の姿勢の方が「レジリエンスの高い人」に映りやすく、後者の姿勢はレジリエンスが低いように見えるかもしれません。しかし、どちらも本人の心の回復・適応につながる道であり、その適応のあり方に優劣はありません。逆境への適応は、必ずしも逆境に真正面からぶつかって乗り越えることだけではなく、100人いれば100通りの適応のあり方が存在します。

レジリエンスの「高さ」を問い直す

　続いて、レジリエンスが「高い」人とはいったいどのような人なのかについて考えていきます。個人のレジリエンスの高さを測るためのツールの1つに、レジリエンス尺度があります。レジリエンス尺度に含まれる項目内容を見てみることで、レジリエンスが「高い」とされる人の人物像をイメージしてみましょう。

レジリエンス尺度項目の例

・失敗したとき自分のどこが悪かったか考える。
・難しいことでも解決するために色々な方法を
　考える。
・なぜそうしたのか行動を見直すことがある。
・失敗してもあきらめずにもう一度挑戦する。
・やり始めたことは最後までやる。
・困ったとき自分ができることをまずやる。
・決めたら必ず実行する。
・つらいときや悩んでいるときは自分の気持ち
　を人に話したいと思う。
・迷っているときは人の意見を聞きたいと思う。
・なにごとも良いほうに考える。
・困ったことが起きてもよい方向にもっていく。
　　　　　　　　　（石毛・無藤、2005より）

・自分にかなり自信がある。
・自分自身のことが好きである。
・自分の将来の見通しは明るいと思う。
・本音で話ができる人がいる。
・私の考えや気持ちをわかってくれる人がいる。
・一つの課題に粘り強く取り組むことができる。
・自分で決めたことなら最後までやり通すこと
　ができる。
・物事を自分の力でやり遂げることができる。
・いやなことがあっても次の日には何とかなり
　そうな気がする。

・他人の手助けを積極的にするほうである。
・初対面の人でも平気で話しかけることができ
　る。
・物事は最後にはうまくいくと思っている。
　　　　　　　　　　（森 ほか、2002より）

・楽天家である。
・気持ちの切りかえが早い。
・あまりこだわらない。
・すぐに開き直ってしまう。
・なにごとにも前向きである。
・会話が好きである。
・はっきりものごとを言える。
・ものごとを論理的に考えることができる。
・さまざまな問題を解決していける能力がある。
・自分自身を頼りにしている。
・人の言葉には左右されない。
・失敗はあまり気にしすぎない。
・嫌なことはすぐに忘れてしまう。
・てきとうに見きりをつける。
・一度失敗しても、その次はうまくいくように
　しようと工夫する。
・自分には足りない部分があることを認め、そ
　こをおぎない高めていこうとする。
・問題を克服することは、意味があると考える。
・どうして問題がおこったのかを考え、同じ原

因を作らないようにする。
・夢中になれるものに打ちこむ。
・楽しいこと、いいことをイメージして、気分をまぎらわす。
・問題の中によい部分はないのか考える。
　　　　　　　　　（井隼・中村、2008 より）

・努力すれば立派な人間になれると思う。
・何があっても自分のベストを尽くす。
・私には、自分の目標を達成する力があると思う。
・たとえ嫌なことがあっても、今の経験は将来のためになるはずだと思うことが多い。
・いやなことがあっても笑いとばせる。
・いつも物事の明るい面を見ようとする。
・結果がどうなるかハッキリしない時は、いつも１番良い面を考える。
・いろいろなことを周りの人と話すことが好きだ。

・今までの人生で、私にとって重要な人と出会ったと思う。
　　　　　　　　　（齊藤・岡安、2010 より）

・失敗を今後に生かす。
・一念発起する。
・悪かった点を反省する。
・その時の事をバネにして頑張ろうと思う。
・自分の感情と向き合う。
・自分の気持ちを整理する。
・負の感情にすべて支配されない。
・次頑張ればいいと考える。
・切り替えが早い。
・我慢しない。
・周囲に援助を求める。
・興味・プライベートを充実させようとする。
　　　　　　　　　（竹田・山本、2013 より）

出典：レジリエンス尺度（森 ほか、2002）／レジリエンス尺度（石毛・無藤、2005）／資源の認知と活用を考慮した Resilience の 4 側面を測定する 4 つの尺度（井隼・中村、2008）／大学生用レジリエンス尺度（齊藤・岡安、2010）／日本人大学生のレジリエンス尺度（竹田・山本、2013）以上の文献より、適宜、尺度項目を抽出させていただきました。

ワーク

尺度項目から浮かび上がるレジリエンスが「高い」人

　レジリエンス尺度の項目を概観してみて、「レジリエンスが高い人」は、どのような人だと思いますか？

シェアリング

生産性が高い人

論理的で感情に
支配されることのない人

自己抑制力がある人／冷静沈着な人／
気持ちの切り替えが上手い人

そもそも苦難に直面した経験がない人
／幸せな人／恵まれている人

悩みなんか1つもない人／
未来を明るいものと思っている人

愛されて育った人／成功体験が多い人

現実よりも漫画や映画の人物
みたいな完璧な人／優等生／天才

自立している人／自分で自分の
すべてを知っているような人

自分の力量がちゃんとわかっていて
人生を楽しく生きている人

生きていて楽しそうな人／何事にも
難しく考えず単純である人

人気者／みんなに尊敬される人／
自然とその人の周りに人が
集まるような主人公気質な人

リーダー気質の人／集団を
鼓舞できる能力がある人

自分のことが好きな人／
自信を持っている人

会社の偉い人（役員や総合職）／
新進気鋭の起業家／バリキャリと
呼ばれるような人々

社会的成功を収めそうな人／
勝ち組／上昇志向の人

決して諦めず立ち向かい続ける人
／弱らず、めげない人

意志が強い人／ストイック／
自分の失敗を素直に受け入れられる人

すべての要素を持つ必要はない

　レジリエンス尺度の項目から、レジリエンスが「高い」とされている人とはいったいどのような人なのかイメージしていただきました。項目を読むごとに、前向きで、すばらしい、眩しい人物像が浮かび上がってきます。自分はそんな人になることはできない、と感じてしまう方も多いのではないでしょうか。

　初期のレジリエンス研究では、「生命を脅かすようなつらい出来事を体験したり、過酷な環境におかれながらも、心の健康を保ち、うまく生き抜いた人」がどのような特性や資源を持っていたかを探ることで、レジリエンスにつながる要素（＝レジリエンス要因）を見つけようとしてきました。その結果、個人要因から環境要因まで多岐にわたるレジリエンス要因が見つかり、それをもとに開発されたのがレジリエンス尺度です。

　レジリエンス尺度には、表2のようにさまざまなレジリエンス要因が項目として含まれており、その合計点がレジリエンス得点として算出されます。したがって、尺度の項目すべてに「はい」と答えられる人、すなわち項目に含まれるような特性をすべて持っている人が、「レジリエンス得点の高い人」となります。

表2　レジリエンス要因の例

個人要因	生物学的要因	知能、健康、ジェンダー、など
	気質	社会的志向性、楽観性、など
	スキル	ストレス対処、感情のコントロール、など
環境要因		家族関係、ソーシャルサポート、など

　しかしながら実際には、こうしたレジリエンスに関わる特性を「すべて持っていること」は、レジリエンスを発揮するために必須ではありません。なぜならば、個人のレジリエンスは、その人に必要ないくつかの要因が相互作用して導かれることが明らかになっているからです（Lynch & Cicchetti, 1998）。つまり、**レジリエンス要因として示されているものをすべて身につける必要はなく、その人にとって重要ないくつかの要因が機能すればよい**のです。ですので、レジリエンス尺度の得点にはあまりとらわれすぎないことが重要です。

　また、現在使われているレジリエンス尺度の項目には、人々の回復や適応につながる要素のすべてが含まれているわけではありません。なぜなら、レジリエンスにつながる要素は、人の数だけ存在するからです。

　先ほどのシェアリングを見て分かるように、レジリエンス尺度で想定されているレジリエンスは、「生産性が高く」「自信があり」「ストイック」で、「楽しく生きることができる」という

ような、お手本のような力でした。しかし、皆さんご自身の体験を思い起こしていただきたいのですが、私たちは「傷つきから立ち直る」とき、必ずしもお手本のような立ち直り方をするわけではないのではないでしょうか。グチグチと文句を言ったり、感情をぶつけたり、どん底まで落ち込んでみたり…優等生的なあり方とは少し違った要素が、回復に不可欠なこともあると思います。

　そこで次に、先ほどのレジリエンス尺度には含まれていないようなレジリエンス要因について考えてみましょう。

自分なりの項目を考えてみる

　先ほど一覧で見た、"お手本のような"レジリエンス尺度の項目に、「もう少しこんな項目もあってもよいのでは？」と加えてみたい項目を考えます。あなた自身の回復や適応に、"意外とこんな力が役に立ちそうだ"ということをイメージして挙げてみてください。

シェアリング

- 精神的に安らげる時間・空間を
  持っている
- 思い切り泣ける環境がある
- 複数の帰属先を持っている
- 自分をさらけ出せる人がいる
- 大切だと思える人がいる
- 楽しいと思えることが
  １つでもある

- 結果がどうであれ、自分の努力を
  認めることができる
- 些細なことでも自分をほめて
  あげられる
- 自分にご褒美をあげられる
- 自分の好きなところを答えられる

- 失敗してしまったときに自分を
  否定しない
- 落ち込んでしまう自分を許せる
- 諦めたり、途中でやめても、
  自分を必要以上に責めない
- 人に足りない部分があるのは
  当たり前だと思う

- 嫌な気持ちになったとき、
  それを言語化して吐き出せる
- つらい気持ちや、悲しい気持ち
  を、どんな形だとしても
  表すことができる
- ちゃんと泣くことができる

- 怒りを原動力に変えられる

- 他の人とは違う、自分自身の
  幸せの価値観を持てる
- 日常の小さな幸せに
  気づくことができる

- 「まぁいいか」と思える
- 限界に達したときは逃げることができる
- たまには現実から目を背けられる
- 無駄と思う努力はしない
- ひとまず寝ることができる
- ストレスから距離をとることができる

- 小さな目標を立てること
  ができる
- 時間がかかったとしても、
  少しずつ前に進んでいると
  実感できる

- 人を傷つけたくないという
  気持ちを持てる

レジリエンス尺度の得点にとらわれない

　いかがでしょうか？　前頁のシェアリングの項目は、レジリエンス尺度の項目と比べると、少しだけ人間らしい感じがするように思いませんか？　人はつらい状況におかれたとき、真っすぐに、明るい方向だけを見て立ち直れるわけではありません。

　尺度によってレジリエンスが得点化されると、レジリエンスが「高い／低い」というシンプルなものさしで評価をしてしまいやすいのですが、
　①レジリエンス要因のすべてを持っている必要はない＝尺度で満点を取る必要はない
　②レジリエンス尺度に含まれていないような要素も、実際の回復・適応には役立っている
ということを忘れないことが大切です。

　さらに、それぞれの人の持つレジリエンス要因は、状況によって揺らぎやすいものです。もしレジリエンスが、個人の能力として決まっているものならば、その人はいつでも、どのような状況でも、同じようにレジリエンスが示されるはずですが、実際にはそうではありません。例えば子どもで考えてみましょう。普段の環境であればストレスに対して高いレジリエンスを示す子どもであっても、誰も知っている人のいない場所に引っ越したら、些細な出来事に対してもなかなか立ち直ることができなくなってしまうことはよく見られます。また、遊びの場面ではレジリエンスを示すけれども、勉強の場面ではレジリエンスを示さない、ということもあります。こうした視点で考えると、**レジリエンス能力を持つ人と持たない人がいるのではなく、レジリエンス能力は本来的には誰もが持っているものであり、状況によって、それがうまく機能するかしないかの違いが生じるのだと理解できます。**

　もっと言えば、**その人の持つレジリエンス要因がうまく機能するかどうかは、周囲の環境に左右されてしまう**という事実があります。例えば、いくらレジリエンス要因として、「他者に開かれている社会的スキル」を持っていたとしても、周囲に手を差し伸べてくれる他者がいなければ、レジリエンスにはつながりません。さらに戦争のような、あまりにも過酷なストレス状況では、ほとんどの人がレジリエンスを発揮することはできないということを示す研究もあります（Hobfoll et al., 2011）。
　また例えば、ネガティブな特性と考えられやすい「感情の過敏さ」は、脅威のある環境（ストレスの強さや、意地悪をいう人がいるなど）では不適応の原因になりやすいですが、安全を感じられる環境では豊かな想像性や共感性として機能するレジリエンス要因になります。このように、個人のレジリエンスを理解する際には、その人の持っている能力だけでなく、置かれた状況や環境との相互作用でみていく必要があります。

STEP2
自分のリソースを確認する

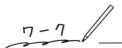

自分の外的資源を確認する

ワーク4

　ここからは、あなた自身のレジリエンスに目を向けていきます。レジリエンスが必要な状況というと、大きな出来事が起きた状況を思い浮かべやすいかもしれませんが、私たちは日々、小さなストレスやトラブルにたくさん遭遇し、そのたびに、知らず知らずのうちに小さなレジリエンスを発揮して一日を乗り切っています。そうした自分のレジリエンスを支えているもの（＝資源）が何かを確認していきましょう。

ワーク

日々のレジリエンスを思い出す

　まずは最近あった「ちょっと困った出来事を乗り切った体験」を思い出してみましょう。日々のレジリエンスは意識せずに行っていることが多いので、なかなか思い出せないかもしれませんが、最近の一日を振り返りながら思い出してみましょう。何かアクシデントや、大変だったことはありませんか？

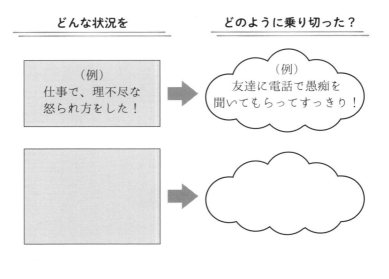

どんな状況を	どのように乗り切った？
（例）仕事で、理不尽な怒られ方をした！	（例）友達に電話で愚痴を聞いてもらってすっきり！

シェアリング

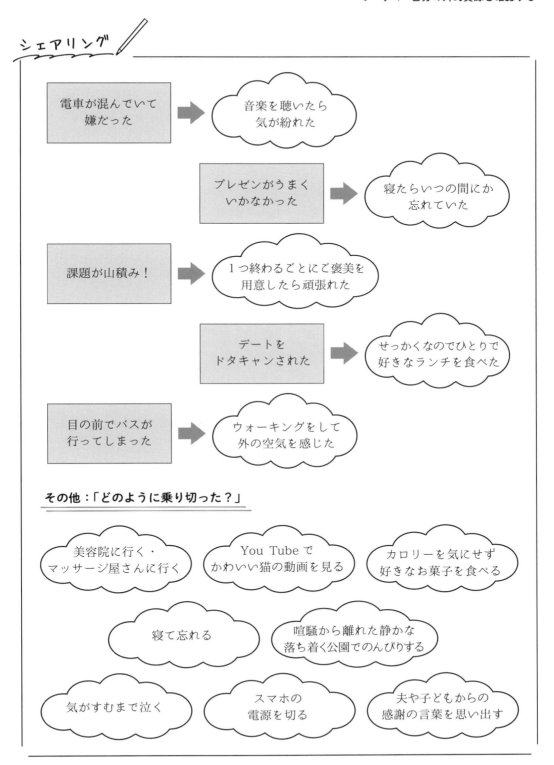

電車が混んでいて嫌だった → 音楽を聴いたら気が紛れた

プレゼンがうまくいかなかった → 寝たらいつの間にか忘れていた

課題が山積み！ → 1つ終わるごとにご褒美を用意したら頑張れた

デートをドタキャンされた → せっかくなのでひとりで好きなランチを食べた

目の前でバスが行ってしまった → ウォーキングをして外の空気を感じた

その他：「どのように乗り切った？」

美容院に行く・マッサージ屋さんに行く

You Tube でかわいい猫の動画を見る

カロリーを気にせず好きなお菓子を食べる

寝て忘れる

喧騒から離れた静かな落ち着く公園でのんびりする

気がすむまで泣く

スマホの電源を切る

夫や子どもからの感謝の言葉を思い出す

ワーク

自分の外的資源を確認する

　ストレスを感じたときや、つらい気持ちになったときに、そのネガティブな感情をどのように収めるかは人によって違います。あなたがつらくなったとき、あなたの気持ちを収める手助けをしてくれるものは何でしょうか？　食べ物かもしれませんし、音楽かもしれません。あなたにとっての回復アイテムや、回復スポットを思い出してみてください。

　もしなかなか思い出せない場合は、あなたがいつも当たり前にしている行動や、ずっと長く使っているものや、昔からのお気に入りに目を向けてみるとよいかもしれません。例えば、どんなことがあっても一日の終わりには必ず熱いシャワーを浴びる、とか、お気に入りのチョコレートを常備している、など…。他の人とは違う、自分だけの好みやこだわりのようなものはありませんか？

　続いて、あなたの周りにいる、あなたを支えたり助けたりしてくれる人に注目していきます。つらいことがあったときに支えてくれる人は、いつも一緒に過ごしている人であるとは限りません。相談をすると良いアドバイスをくれる人、どんなときも思い切り一緒に遊んでくれる人、頑張っている姿で勇気をくれる人など、あなたをいろいろな形で支えてくれる人を思い出してみましょう。直接会って話ができる人だけでなく、遠くに住んでいたり、もうこの世にはいなかったり、芸能人であったりというように、会えないけれど力をくれる人も、大切な存在です。

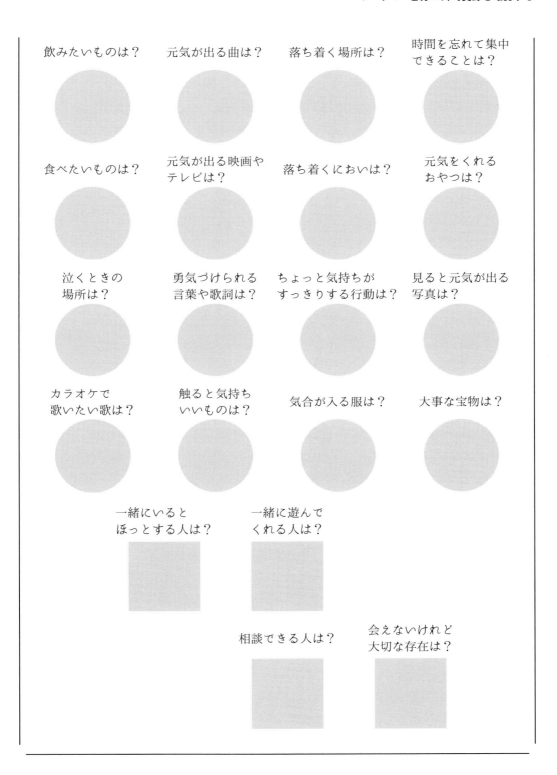

飲みたいものは？

元気が出る曲は？

落ち着く場所は？

時間を忘れて集中できることは？

食べたいものは？

元気が出る映画やテレビは？

落ち着くにおいは？

元気をくれるおやつは？

泣くときの場所は？

勇気づけられる言葉や歌詞は？

ちょっと気持ちがすっきりする行動は？

見ると元気が出る写真は？

カラオケで歌いたい歌は？

触ると気持ちいいものは？

気合が入る服は？

大事な宝物は？

一緒にいるとほっとする人は？

一緒に遊んでくれる人は？

相談できる人は？

会えないけれど大切な存在は？

シェアリング

【食べ物・飲み物】

コンビニの少し高めのアイス　シュークリーム　ドーナツ

フレッシュジュース　高カロリーなもの（罪の味）　お洒落なお酒とおつまみ

あたたかい紅茶　カフェオレ　疲れ具合によってミルク入り・デカフェ・甘さを変える

ふわふわのソファでくつろいで飲むコーヒー　辛いもの　味噌ラーメン　からあげ

【場所】

景色のきれいな場所　自然　晴れた日の海　バルコニーで外の空気を吸う

ほどよい日光　すずしい風　自分の部屋　家のトイレ　ひとりで車を運転／遊園地

【感覚】

お気に入りの毛布に包まる　外に干した後のいいにおいの布団にうずもれる

洗濯したばかりの衣類のにおい　布団でぬくぬくする　猫のお腹の毛　愛犬

小さい頃から大切にしているぬいぐるみ　もふもふのクッションを抱きしめる

マッサージする・してもらう　自分の好きな香りの香水をつける

お気に入りのボディミストをつける　お風呂に入って耳をお湯に沈ませる

【行動】

お菓子を食べながら好きな動画を見る　動物の癒し動画　お笑いを見て笑う

映画を見ながら晩酌　映画やドラマを一気見する　好きなアイドルのライブ映像を見る

感動する動画を見て泣く　楽しそうな推しを見る　漫画を読む　絵画鑑賞

好きな音楽を聴く　イヤホンで大音量で聴く　1990年代の J-POP　満足するまで歌いまくる

ギター弾き語り　編み物など手芸　イラストを描く

自分の部屋をきれいにする　物を捨てる　料理する　シャワーを浴びる

友人を誘ってカラオケ　友達と美味しいものを食べながらたわいもないことを話す　朝まで通話する

欲しかったものを買う　散財する　大人買い　化粧　可愛い洋服を買いに行く

公園でピクニック　お散歩する　スポーツ　ストレッチ　太陽光を浴びる

入浴剤を使って半身浴をする　お香を焚く　猫を見る　かわいい赤ちゃんの写真　睡眠

【その他】

小説で印象に残った言葉を思い返す　色々な人の名言を調べる

部活の引退時にもらった色紙を見る　アルバムを見る

自分を支えていること・ものを大切にする

　ワークに取り組んでみて、どのように感じましたか？　なかなか書き込むことができなかった方も、すらすらと思い浮かんだ方もいると思います。こうして改めて、自分の支えとなっている資源を確認してみると、自分が日々の生活のなかで、知らず知らずのうちに小さなレジリエンスを発揮して、ストレスから回復していることに気づくのではないでしょうか。これまで特に意識せず、あたり前にやってきたことこそが、自分の持っているレジリエンスなのです。レジリエンスという言葉からは、問題にしっかりと向き合って解決するとか、上手に感情を切り替えて笑顔で明るく過ごすというように、力強く、素早く乗り越える回復をイメージしやすいかもしれません。しかし実際には、淡々と日々を続けていくなかでゆっくりと回復するための、静かな営みがレジリエンスとなることがほとんどです。

　自分の外的資源となる回復のアイテムは見つかったでしょうか。人によっては、回復アイテムは"逃げ"であるとネガティブに認識している方もいるようです。たしかに回復アイテムのなかには、やりすぎるとよくないものも含まれているかもしれません。しかし、そうしたアイテムや行動によって、私たちは日々を生き延びることができている場合もあります。

　また、気持ちが落ち込んでしまっているときには、自分が持っていないものや、失ってしまったものばかりに目がいってしまいやすくなります。心に余裕があるときに、こうした自分の資源を確認しておくことで、今後つらいことがあって落ち込んだときに思い起こせる可能性が高くなります。

ワーク5

自分の内的資源を確認する

　ワーク4では、つらいときにあなたを支える行動や、あなたに力を与えてくれる物や人、といった資源を確認しました。続いては、つらいときにあなたの回復を助けてくれる、あなた自身のなかにある力を探していきましょう。

　まずは、ワーク3でも取り上げたレジリエンス尺度を用いて、自分のレジリエンス要因のバランスを客観的に確認します。さらに尺度にとどまらず、あなたのなかにレジリエンスにつながるどのような力があるかについても見ていきます。

尺度を用いてレジリエンス要因を確認する

　次に並ぶ21の項目について、1（まったくあてはまらない）〜5（とてもあてはまる）のなかで、もっともあてはまる数字に〇をつけてください。

表3　二次元レジリエンス要因尺度（平野、2010）

		まったくあてはまらない	あまりあてはまらない	どちらともいえない	ややあてはまる	とてもあてはまる
1	どんなことでも、たいてい何とかなりそうな気がする。	1	2	3	4	5
2	昔から、人との関係をとるのが上手だ。	1	2	3	4	5
3	自分の性格についてよく理解している。	1	2	3	4	5
4	たとえ自信がないことでも、結果的に何とかなると思う。	1	2	3	4	5
5	自分から人と親しくなることが得意だ。	1	2	3	4	5
6	嫌な出来事があったとき、今の経験から得られるものを探す。	1	2	3	4	5
7	自分の考えや気持ちがよくわからないことが多い。	1	2	3	4	5

8	自分は体力がある方だ。	1	2	3	4	5
9	努力することを大事にする方だ。	1	2	3	4	5
10	人の気持ちや、微妙な表情の変化を読み取るのが上手だ。	1	2	3	4	5
11	つらいことでも我慢できる方だ。	1	2	3	4	5
12	決めたことを最後までやりとおすことができる。	1	2	3	4	5
13	思いやりを持って人と接している。	1	2	3	4	5
14	困難な出来事が起きても、どうにか切り抜けることができると思う。	1	2	3	4	5
15	交友関係が広く、社交的である。	1	2	3	4	5
16	人と誤解が生じたときには積極的に話をしようとする。	1	2	3	4	5
17	嫌な出来事が、どんな風に自分の気持ちに影響するか理解している。	1	2	3	4	5
18	嫌な出来事があったとき、その問題を解決するために情報を集める。	1	2	3	4	5
19	嫌なことがあっても、自分の感情をコントロールできる。	1	2	3	4	5
20	自分は粘り強い人間だと思う。	1	2	3	4	5
21	他人の考え方を理解するのが比較的得意だ。	1	2	3	4	5

　つけ終わったら、回答を集計し、各レジリエンス要因の得点を算出してみましょう。各項目に自分がつけた数字を、次頁の集計シートに書き写し、縦に合計点を算出してください。

　なお、項目7の「逆転」項目のみ、1点→5点、2点→4点、3点→3点、4点→2点、5点→1点と書き写してください。

		まったくあてはまらない	あまりあてはまらない	どちらともいえない	ややあてはまる	とてもあてはまる		資質的レジリエンス要因				獲得的レジリエンス要因		
								楽観性	統御力	社交性	行動力	問題解決志向	自己理解	他者心理の理解
1	どんなことでも、たいてい何とかなりそうな気がする。	①	2	3	4	5	1	1						
2	昔から、人との関係をとるのが上手だ。	①	2	3	4	5	2			1				
3	自分の性格についてよく理解している。	1	2	3	④	5	3						4	
4	たとえ自信がないことでも、結果的に何とかなると思う。	1	②	3	4	5	4	2						
5	自分から人と親しくなることが得意だ。	1	2	3	4	5	5							
6	嫌な出来事があったとき、今の経験から得られるものを探す。	1	2	3	4	5	6							
7	自分の考えや気持ちがよくわからないことが多い。	1	2	3	4	5	7						逆転	
8	自分は体力がある方だ。	1	2	3	4	5	8							

【集計シート】

	資質的レジリエンス要因				獲得的レジリエンス要因		
	楽観性	統御力	社交性	行動力	問題解決志向	自己理解	他者心理の理解
1		■	■	■	■	■	■
2	■	■		■	■	■	■
3	■	■	■	■	■		■
4		■	■	■	■	■	■
5	■	■		■	■	■	■
6	■	■	■	■		■	■
7	■	■	■	■	■	逆転	■
8	■		■	■	■	■	■
9	■	■	■		■	■	■
10	■	■	■	■	■	■	
11	■		■	■	■	■	■
12	■	■	■		■	■	■
13	■	■	■	■	■	■	
14	■		■	■	■	■	■
15	■	■		■	■	■	■
16	■	■	■	■		■	■
17	■	■	■	■	■		■
18	■	■	■	■		■	■
19	■		■	■	■	■	■
20	■	■	■		■	■	■
21	■	■	■	■	■	■	■
計							

各レジリエンス要因の合計点が算出できたら、レーダーチャートを作成してみましょう。

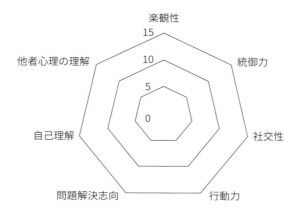

レジリエンス要因のバランスを知る

　この尺度では、あなたが7種類のレジリエンス要因をどの程度持っているかを測定することができます。表4と5は、それぞれのレジリエンス要因がどのような力であるかをまとめたものです。ちなみに、7種類のなかでも「楽観性」「統御力」「社交性」「行動力」の4つは資質的レジリエンス要因とよばれ、もともとの性格と関連が強いものです。一方、「問題解決志向」「自己理解」「他者理解」は、もともとの性格とはあまり関係のないものです。

表4　資質的レジリエンス要因（平野、2015）

楽観性	将来に対して不安を持たず、肯定的な期待を持って行動できる力。
統御力	もともと衝動性や不安が少なく、ネガティブな感情や生理的な体調に振り回されずにコントロールできる力。
社交性	もともと見知らぬ他者に対する不安や恐怖が少なく、他者との関わりを好み、コミュニケーションを取れる力。
行動力	もともとの積極性と忍耐力によって、目標や意欲を持ち、それを努力して実行できる力。

表5　獲得的レジリエンス要因（平野、2015）

問題解決志向	状況を改善するために、問題を積極的に解決しようとする意志を持ち、解決方法を学ぼうとする力。
自己理解	自分の考えや、自分自身について理解・把握し、自分の特性に合った目標設定や行動ができる力。
他者心理の理解	他者の心理を認知的に理解、もしくは受容する力。

　ワーク4で述べたように、レジリエンスはその個人が持っているいくつかのレジリエンス要因によって導かれるもので、7種類すべての要因が満点であることが必要なわけではありません。ですので、単純に合計得点を他の人と比べたり、平均値と比べて評価したりすることは適切ではありません。

　レーダーチャートを見ると、凹んでいる部分が気になってしまうかもしれませんが、注目していただきたいのは、尖っている部分です。自分のレジリエンス要因のなかで、得点の高かった要因が、あなたにとって活用しやすいレジリエンス要因であると考えられます。例えば、「楽観性」が高い人は、ストレス下でも希望を持って進めるでしょうし、「行動力」の高い人は状況を具体的に解決することで進めることが多いでしょう。各要因のバランスから、自分がレジリエンスにつながるどのような要因を持っているかを、理解するために活用してみてください。

　続いて、尺度で測るレジリエンス要因の枠をこえて、もっと広い視点であなたのなかにある力を探していきましょう。あなたのなかにある「よいところ」は、あなたのレジリエンスを促進する力を持っています。次のワークでは、以下に示す「よいところ」のリストのなかから、自分が日常生活のさまざまな場所で大切にしているものを選んでいきます。「完璧に持っている」「完璧にできている」必要はありません。自分が心がけていることや、大切にしようとしているものを選んでみてください。

愛情
人を大切に思う
気持ちを持つ

親切
困っている人に
手を差し伸べる

感謝
周りの人々への
感謝を忘れない

安らぎ
あたたかな空気を
つくりだす

許容力
人の弱さや過ちを
許す

愛らしさ
気取らず
素直にふるまう

センス
自分が信じる
こだわりを持つ

繊細さ
細やかな心で
感じ取る

元気
明るくいきいきと
過ごす

正直さ
自分にも人にも
嘘をつかない

にこやか
いつも穏やかさを
忘れない

面白さ
人を楽しませる
ことを大切に
する

信念
まっすぐ
揺らがない
思いを持つ

公平さ
誰にでも
同じように接する

様々な場での内的資源を確認する

　人は生活を送るなかで、さまざまな場で異なる役割を持っていたり、異なる「自分」を持っていることがあります（例：家族といるときの「自分」と、会社で働いているときの「自分」／働いているときの「自分」と、趣味に没頭するときの「自分」など）。まずはじめに、あなたのなかの、異なる2つの場の「自分」を思い浮かべ、どのような場の自分であるのか、AとBに書いてください。

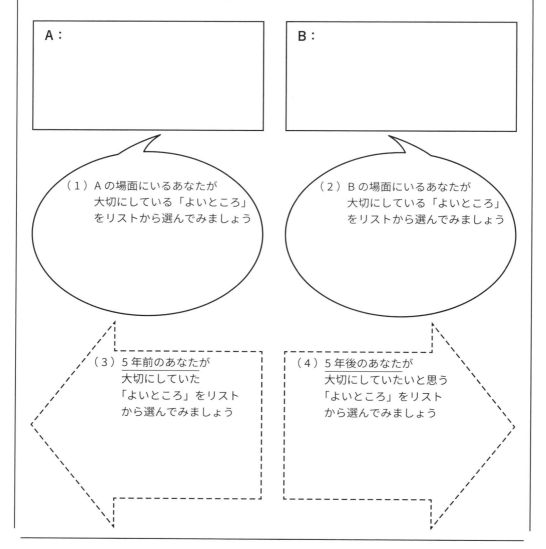

「自分の力」は状況によって変わる

　自分のなかにある力＝内的資質について、「異なる場」と「異なる時間（過去／未来）」を想定して考えてもらいました。自分の「よいところ」と言われると、能力や個性として持っているものと考えやすいのですが、実は私たちの「よいところ」は、周りの人との関係から生じていることが多いのです。

　日本の女子大学生を対象に行った調査（平野、2019b）では、自分の「よいところ」として選ばれたものの上位3位は「思いやり」「感謝」「愛情」でした。これらはいずれも、周りの人に対する姿勢における「よいところ」です。周りの人に対する「よいところ」は、その相手との関係がなければ成り立ちません。相手との関係によって、その人の振る舞いは左右されます。

　例えば、学校に自分を頼ってくれる後輩がいる場合、その期待に応えようとして「頼りがい」を発揮するでしょう。職場で「あなたはいつも、仕事に責任を持って取り組んでくれるので助かります」という評価をもらっていたら、きっとミスのないように一生懸命に「誠実さ」を発揮するのではないでしょうか。また、周りの人が困っているときに手を差し伸べてくれることが多ければ「感謝」の気持ちをたくさん持つことができるでしょう。つまり、人の「よいところ」はたいていの場合、その人のなかに元から存在しているのではなく、周りの人や、置かれた環境によって引き出されているのです。

　それと関連して、**「よいところ」は過去から現在、現在から未来にかけて、時間とともに変化していきます。**
　レジリエンスに限らず、心理尺度によって測定されるパーソナリティは、基本的にその個人のなかである程度安定した特性、すなわち、どんな状況でもあまり変わらず一貫している特徴として理解されます。しかしながら、人は異なる場や異なる関係性のなかで、異なるパーソナリティを示すことも、多くの研究で指摘されていることです（例　性格の一貫性論争：渡邊、1999；人格の二面性測定；森、1983）。学校ではしっかり者だけれど、家ではちょっとだらしない。普段はちょっと弱気だけれど、役割を任されるとものすごく頑張れてしまう。大好きなバンドのライブに行くときはものすごく社交的になる。人はそんな風に、場面によっていろいろな顔を持っているものです。レジリエンスを考えるときも、その人にとってのさまざまな「場」や状況を想定すると、実は普段意識していないレジリエンスに気づくことができる可能性があります。その人の「よいところ」は環境によって引き出されるものですので、これから出会う人や場によって、さまざまに変化していく可能性があります。**もし、今あなたのなかに「よいところ」がないと感じている場合、それはあなたのなかに存在しないのではなく、うまく引き出されていない、と考える方が適切です。**

自分をポジティブに評価することの難しさ

　ただ一方で、「自分にはよいところなどない」と感じ、スムーズに選ぶことができなかった方も多いかもしれません。こうした自己をポジティブに評価するワークは、海外の教育現場では多く取り入れられているものですが、日本文化においてはなじみにくい場合があります。日本人の自尊感情は、諸外国のなかでもとりわけ低いことが示されており（Schmitt & Allik, 2005）、さらにその平均点は年々低下していることも報告されています（小塩ほか、2014）。また日本をはじめとしたアジアの国々では、その文化的特徴から相互依存的自己観（自己は他者と根本的に結びついているものであると考え、社会的関係性を重視し、個人の独自性や達成を軽視する自己のあり方）を持ちやすく、自分を他者よりもネガティブに捉えやすいことが知られています（Markus & Kitayama, 1991）。そして、自分よりも他者の方を肯定的に評価することは、相手との関係性をよりポジティブなものと捉えることにつながることも指摘されています（遠藤、1997）。つまり日本文化のなかでは、自分をポジティブに評価することは、必ずしも適応的であるとは言えないため、こうしたワークに抵抗が生じる場合があるのです。

　先述した調査（平野、2019b）では、女子大学生 87 名を対象にペアワークを行い、セリグマンらの 24 の強みリスト（Peterson & Seligman, 2004）から、自分の「いいところ」と、ペアの相手の「いいところ」をそれぞれ選んでもらった後、①自分の「いいところ」をどのくらいスムーズに選択できたか、②相手の「いいところ」をどのくらいスムーズに選択できたか、③相手から選んでもらった「いいところ」をどのくらいスムーズに受け入れられたか、の 3 つについて 10 点満点で回答してもらいました。その結果、①（自己評価）の平均値は 5.69 点でしたが、4 点くらいと答えた人々と、8 点くらいと答えた人々に回答が分かれていたことから、比較的スムーズに選べた人たちと、スムーズに選べなかった人たちに分かれることが示唆されました。一方、②（他者への評価）のスムーズさの平均は 7.08 点、③（他者からの評価の受け入れ）の平均は 6.83 点であり、いずれも比較的高い点数に偏っていました（図 4、5、6）。

　この調査の結果は、日本文化において自分自身に対するポジティブな評価が行われにくいことを支持する結果ですが、それと同時に、そうした自己評価をスムーズにできる人たちと、できない人たちに分かれることを示唆しています。これは自己評価のみならず、ポジティブな部分に目を向けていくワーク全般に言えることだと考えられますが、こうしたポジティブ面を見ていく作業を苦痛に感じたり、何か心地悪さを感じたり、スムーズに取り組むことが難しい人たちが少なくない数存在することは、大切に考えたいところです。特に、いま落ち込んでいたり、心の余裕がなくなってきたりしている人にとっては、あまり効果的ではないでしょう。

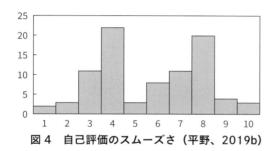

図4　自己評価のスムーズさ（平野、2019b）

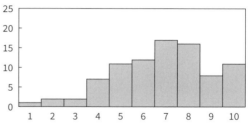

図5　他者からの評価の受け入れのスムーズさ（平野、2019b）

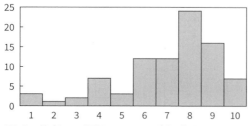

図6　他者への評価のスムーズさ（平野、2019b）

　STEP3から始まる投影法のワークは、そうした抵抗感を感じやすい方にとっても取り組みやすいと思いますので、ぜひリラックスして進めてください。

STEP3
潜在的な
レジリエンスに気づく

レジリエンス観に気づく──文章完成法を通した理解

　ここまでのワークでは、今の自分の生活や、自分をとりまく環境のなかにある内的・外的資源を思い出したり、尺度を用いて自分が持っているレジリエンス要因を確認したりしてきました。

　ここからはさらに、投影法を用いて、自分でも気づいていない、自分のレジリエンスを知るためのワークを行います。

　はじめに取り組んでいただくワークは、文章完成法と呼ばれるものです。文章完成法では、お題として提示される言葉に続けて、頭に思い浮かぶままに自由に文章を書いていきます。

　まずはウォーミングアップのために、言葉のイメージを拡げるワークから始めましょう。

漢字イメージ

　あなたにとって、「自分の心がポジティブな状態」から連想する漢字一文字を思い浮かべてみましょう。

（例）

愛	葵	安	衣	雲	恩	温	穏	音	可	花	華	快	楽	活	甘	緩	喜
嬉	希	強	空	芸	月	光	好	幸	広	根	彩	在	山	実	純	笑	食
寝	心	進	人	勢	星	晴	清	聖	静	淡	暖	挑	調	跳	努	憧	凪
虹	熱	白	飛	美	舞	風	豊	満	夢	明	癒	優	踊	陽	力	和	動
金	守	神	伸	大	速	天	功	成	晃	颯	昇	生	前	朝	翼	誉	悠
絆	遥	司	福	永	錦	咲	翔	寿	秀	聖	遊	歩					

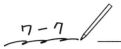

文章完成法

　次の言葉を見て、頭に思い浮かんだ文章を、自由に続けて書いてください。正解はありません。あまり熟考せず、パッと思い浮かんだ文章を書いてみてください。

　心の強さ…＿＿＿＿＿＿＿＿＿＿＿＿＿＿＿＿＿＿＿＿＿
　（例）　を身につけるにはどうしたらよいのだろう。

　心の弱さ…

　落ち込みから立ち直る…

　逆境のなかで…

　つらい経験…

　ストレスに…

シェアリング

「心の強さ…」

とは、柔軟性である　　　というのは心が壊れないということだけではない

とは、柳のようにしなやかな心のこと　　　誘惑に負けないこと

何があっても折れないこと　　　芯の強さである

挫けない力　　　他人の心にも寄り添える強さも必要である

持っていると社会に適応できそう　　　が強い人ほど自分を貫くことができる

より自分の人生を楽しめるもの　　　を持っていれば人に優しくすることができる

とは、挫けても自分や他人を信じることができる能力である　　　がないと生きていけない

とはありのままを受けとめることである　　　があれば困難を乗り越えられる

自分を認める力である　　　は人との関わりのなかで得られるもの

とは、優しさのことである　　　はつらい経験によって得られる

は身体の強さと相互に影響しあう　　　正しくあること

は強いほどいい　　　自分自身と向き合えるかどうか

があれば辛いときでも頑張れる　　　自信

は社会を生き抜く上で大切だ　　　とは何があっても折れないこと

を持つのは難しい　　　…を持て！

経験の積み重ねによって育まれるもの　　　相手を許せること

必ずしも鍛えられるものではないと思う　　　って何だろう？　心に強いってあるのかな

考えた分だけ強くなれる　　　とは「負けない」ことである

外からは分からない　　　とは、自分の弱さを見せられることである

自分次第である　　　と愛があれば、どんなことがあっても生きていける

周りの環境によって育まれるものである　　　は、鍛えることができる

自分の大切なものを守りぬく力　　　はつらい体験だけでなく、様々な経験から得られるものである

自分を見失わないこと　　　を持ってる人はいいなあ

レジリエンスはどのようなものか？

　漢字や文章を、自由にイメージしていただくワークに取り組んでいただきました。投影法というものにはじめて取り組んだという方もいらっしゃると思いますが、いかがでしたか？「どのように答えてもかまいません」と言われて戸惑ってしまった方も多いと思います。なかなかイメージが思いつかなかった方、ぼんやりとは思い浮かんでいても言葉にならなかった方、正解は何なのだろうと悩んでしまった方もいるでしょう。しかしその分、いつもは目を向けることのない自分の気持ちに気づいたり、意外な「思い」や「考え」が頭のなかに浮かんできたりして、自分で気づいていない自分の側面を知ることができる可能性があります。

　まずはワークを通してご自身のなかに浮かんできた言葉を見つめて、味わってみてください。

　続いて、シェアリングの他の人の回答例を見てみましょう。自分と似ている回答もあれば、まったく思いもつかない内容の回答もあったかもしれません。同じ「心の強さ」という言葉から連想するイメージに、これだけさまざまな拡がりがあることに驚いたかもしれません。

　さらに回答者に、なぜそのような言葉を連想したかについて詳しく聞いてみると、「なるほど」という納得や、「そういう考えがあるのか〜」という発見が深まります。

ポジティブな漢字「芸」
……お笑いが大好きで、芸人さんからたくさんポジティブな気持ちをもらっているからです。

「心の強さ…はあってもなくてもよい」
……心が弱ければ他人の痛みに共感することができそうだし、強ければ楽観的に楽しく人生を送れそうだと思うので、強くても弱くてもいいと考えました。

　このように理由を聞いていくと、投影法への回答には、その人のこれまでの人生経験や、その人の考え方が反映されていることが分かります。回答から単純にレジリエンスの高さ／低さを読み取るのではなく、その人が、レジリエンスやそれにまつわる物事を、心の奥でどのように捉えているのかを知ることができそうです。

　今回のワークで記入した、「心の強さ」から連想された文章には、その人が暗黙に持っている「レジリエンス観（レジリエンス・ビリーフ）」が隠れています。つまり、**レジリエンスはどのようなもので、どのように身につけるものなのか？**　という信念です。

　例えば、「心の強さ…がないと生きられない」という回答を見てみましょう。ここからは、その人が心の強さは生きるために「必要不可欠なもの」であるという信念を持っていることが

うかがえます。それに対して、「心の強さ…がある人は素敵」という文章が思い浮かんだ人にとっては、心の強さは必ずしも不可欠なものではなく、プラスαの長所として捉えていることが分かります。

　自分がどのようなレジリエンス・ビリーフを持っているかを確認するために、ご自身の回答を下記の 3 つの軸に照らし合わせて考えてみましょう。

（1）レジリエンス・イメージの明確さ

レジリエンスは○○なもの
という明確なイメージがある

レジリエンスは
よく分からない

（2）レジリエンスの必要性

レジリエンスは
必要不可欠なもの

レジリエンスは
付加価値

（3）レジリエンスはどのように身につけられるか？

レジリエンスは
努力で身につけられるもの

レジリエンスは
偶然手に入るもの

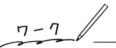

志向性に気づく──場面想定法によるワーク

　続いて、場面想定法のワークを行います。このワークでは、「ストレス状況のなかで、登場人物が落ち込んでいる」場面を示した絵をいくつかお見せします。絵に描かれた状況を見て、登場人物が元気になるために、何と声をかけてあげたくなるかを答えていただくものです。正解があるわけではありませんので、素直な気持ちで取り組んでみてください。

ワーク

登場人物へのひとこと

　12 種類のストレス状況のなかで落ち込んでいる登場人物がいます。この登場人物たちは、どうしたら元気になれるでしょうか。何と声をかけてあげたくなりますか？　心に浮かんだ声かけ・アドバイスを書いてみてください。
　「よい助言」「正しいアドバイス」「適切な対応」を考えるワークではありませんので、あなたの心に自然に浮かんできたセリフを答えてください。

（平野 ほか、2018）

シェアリング

夢　　　目標

ゴール

努力しても
目標や夢に
近づかない

人生はいいことばかりではない、
失敗もあるから気にしないで。

何が目標達成を
妨げてるんだろうね？

辛いなら休んで、
また元気になったら
頑張ればいい。

私も辛い気持ち
分かるよ。

頑張ってるのにね。
私は頑張ってる姿、見ていたよ。

大丈夫、
きっと報われるよ。

これから近づけるかもしれない
から、もうちょっと
頑張ってみようよ。

誰か身近な人の意見を
聞いてみたらどうかな？

努力していること
自体がすごいことだよ。

計画をもう一度見直して、
一歩一歩やっていくといいかも。

目標や夢があること自体
とても素敵なこと！

一度一緒に気分転換しよう、
離れてみるのも大切だよ。

まずは達成できそうな
小さな目標をいくつか立てて
みるのはどう？

そう感じるのは、
頑張っている証拠だね。

他の道を選んでみても
いいんじゃない？

努力が足りないのと、
努力の仕方が悪いんじゃないかな。

遠くに感じるよね。
でも今は我慢のときかも。

時には流れに
身をまかせても
いいんじゃないかな。

そうだよね。そんななかで
努力を続けるのって難しいよね。

今は芽が出ていないとしても、
その努力はあなたの
糧になっているよ。

私ならとっくに諦めてた。
それを続けられている
あなたはすごいよ。

今がそのときじゃないんだよ。

あなたが今までやってきたことで
無駄なことは1つもないと思うよ。

人生って意外とそんなもんよ。

焦らなくていいよ。

今どれほど到達できていて、
あとどれほど進む必要があるのか
考えてみよう！

一緒に長期戦、頑張ろう！

気づいていないだけで
近づいているよ。

こんなに頑張ってるのにね。
上手くいかなくて嫌になっちゃうよね。

辛いと思うけども
一緒にがんばろうよ。

どのような回復・適応を目指そうとするのか？

　場面想定法のワークに取り組んでいただきました。このワークは、ストレス場面に置かれた登場人物のセリフを書いてもらうことで、その人のストレス耐性を探ろうとする PF- スタディ（Rosenzweig, 1978）という心理検査を参考に作成しています。「あなたがこの状況に置かれたらどうしますか」と問われるのではなく、「登場人物はどうしたら元気になるでしょうか」というように、自分と距離をとって答えてもらいます。そうすることで、望ましさ（こう答えた方がよいのではないか）や、防衛（恥ずかしい、知られたくない）、実現可能性（実際にこの状況に置かれたらきっとできないから答えられない）といった影響を受けずに、その人の本来の反応が素直に表現されやすくなります。

　今回の 12 場面のワークからは、**あなたが「どのような回復・適応を目指そうとするか」という志向性＝レジリエンス・オリエンテーション**がわかります。

　レジリエンス・オリエンテーションでは、大きく 3 つの方向性からその特徴を理解していきます。1 つ目の方向は【復元】です。これは何か失った状態・満たされない状態を、元の状態に戻そうとする志向性です。2 つ目は【受容】です。これは、何か失った状態・満たされない状態を、そのままにして受け入れようとする志向性です。3 つ目は【転換】です。これは、何か失った状態・満たされない状態に対して他の意味付けを与えようとするものです。例えば、ズボンに穴が開いてしまったという状況を思い浮かべてみてください。「新しいものを買おう」あるいは「元通りに修理しよう」とするのは【復元】です。それに対して、「気にしない」「開いていてもいいや」と考えるのが【受容】です。そして、「ダメージジーンズのようでむしろ価値がある」と考えるのが【転換】です。

　先ほどのワークの最初の場面、「お金がなくて先が不安」を例に挙げて説明すると、【復元】は「お金がある状態」に持っていこうとする方向性、【受容】は「お金がなくても大丈夫」と思おうとする方向性、【転換】は「お金がない方が逆に良い」と考える方向性が該当します。

　さらにレジリエンス・オリエンテーションでは、その回復・適応をどのように達成しようとするかについても【一人】【他者】【超越】という 3 種類に分類しています（表 6）。【一人】で達成しようとするというのは、言葉の通り、自分自身の行動や考え方で達成しようとすることです。

　【他者】というのは、誰かほかの人との関係を通して、助けてもらったり共感してもらったりすることで、達成しようとすることです。例えば、「もっと大変な人がいるんだ」というように、他者の存在によって自分の現状の認識が変わること（相対化される）や、誰かから「よ

表6　レジリエンス・オリエンテーション（平野・綾城・能登ほか、2018）

| | | レジリエンスの手立て | | |
		一人 一人で達成 しようとする	**他者** 他者との関係を通して 達成しようとする	**超越** 人の力を超えた何かに よって達成しようとする
オリエンテーションの種類	**復元** 満たされる（元の） 状態に向かおうとする	行動する 手立てを考える	助けてもらう	期待する
	受容 満たされない状態を 受け入れようとする	考えない 受け入れる	共感される 否定される	委ねる
	転換 満たされない状態の認識や 意味づけを変えようとする	捉え方を変える 方向を変える	相対化される 認められる	報われる

く頑張っているじゃない」と言ってもらえることで、今自分は頑張っているんだと思うことができる（認められる）といった例があてはまります。

　最後の【超越】とは、人の力を超えた何か、つまり時が解決するとか、宝くじに当たる、といった自分のコントロール外の力で回復・適応にむかうことを想定することです。

　この考え方をふまえて、ワークで回答した自分の各場面の回答を、オリエンテーションに分類してみましょう。

　129～134頁の付録に、各場面の回答例がどのオリエンテーションに分類されるかの参考資料が示されています。ただ、同じセリフであっても、微妙なニュアンスや発言の文脈によって違うオリエンテーションに分類することが適切な場合もあります。ですので、まずは、セリフの背景にある志向性を推測してみましょう。**そのセリフは、登場人物をどこに向かわせようとしているのか【復元／受容／転換】、どのように向かわせようとしているのか【一人（登場人物一人で）／他者（アドバイスをしている自分と共に）／超越】**を考えてみると、分類しやすいと思います。

　12場面の回答を分類できたら、下記の点について考えてみましょう。

（1）自分の志向性の傾向

　各場面の回答の分類から、自分のオリエンテーションにどのような傾向がありそうか、気づきはありましたか？　例えば、「解決が難しいことに対して【受容】しようとしやすいかもしれない」「基本的に【復元】を目指しやすい」「すべて【一人】で達成しようとするに分類された」…など、何か傾向が見えたでしょうか。

　ちなみに、各場面において日本人成人 1,000 人が選択しやすかったオリエンテーションは下記の通りです（平野、2022）。また、「なし」と書かれているものは、回答者によって志向性がバラバラであった場面です。この表と比較してみることで、自分の志向性の特徴が見えてくるかもしれません。ただし、これらは単に多くの人が選択しやすかったというだけで、これが正解という意味ではありませんので誤解しないでください。

表 7　選択しやすいオリエンテーション（平野、2022）

場面 1：復元・一人	場面 5：復元・超越	場面 9：復元・超越
場面 2：復元・一人	場面 6：復元・一人	場面 10：復元・一人
場面 3：なし	場面 7：なし	場面 11：受容・一人
場面 4：転換・一人	場面 8：復元・一人	場面 12：復元・一人

　また、このワークから読み取れるのは、自分でも気づいていない無意識の志向性であったり、こうありたいという希望であったりします。つまり、自分が実際に生活のなかで行っている問題対処の行動とは異なる場合があります。例えば、「いつも問題に対して自分一人で対処しようとしているけれど、ワークでは【他者】の分類が多かった」という方は、もしかしたら本当は誰かに助けてもらいたい気持ちがあるかもしれません。また、今まで意識したことはなかったけれど、何か困った状況に直面したときには、絶対に解決（【復元】）を目指すことが必要だと思いこんでいたと気づいた方もいるかもしれません。そのように、自分で気づいていなかった無意識な志向性や、願いに気づくことで、困難に陥った際に進む道として新たな可能性が見えてきます。

（2）自分の志向性の幅

　もう 1 つの視点として、12 の場面を通してオリエンテーションにどのくらいの幅（ばらつき）があったかを見てみましょう。12 の場面にはそれぞれ異なるタイプのストレス状況が描かれています。各状況で異なるオリエンテーションを用いていた人は、さまざまなストレス状況で臨機応変に対応をしようとする傾向があると考えられます。一方で、どの場面でも比較的同じオリエンテーションをとろうとする人は、適応・回復において自分のスタイルをしっかりと持っていると考えらえます。どちらがよいということはありません。

ワーク8

可能性に気づく──ストーリー作成ワーク

　ワーク7では、ストレス状況で困っている登場人物を見て、その人が元気になるための声かけを思い浮かべていただきました。ここでは、その場面からもう少し時間を進めて、その登場人物がその後、何に出遭い、どのような出来事が起こり、心を回復させていくかのストーリーを思い描いていただきます。ここで思い浮かべていただくストーリーは、「現実的な話」ではありません。想像の世界の出来事として、思い浮かぶ限りの「ラッキーなこと」「急展開」「理想」「希望」などを、自由に含めてください。そうはいっても、なかなかポジティブな展開が思い浮かばない方もいらっしゃるかもしれません。ネガティブな災難が続いたとしても、それはそれで紆余曲折の面白いストーリーになると思います。

　まずは、あなたの生活のなかで起こりうるラッキーや、小さな幸せの出来事を思い出すための、ウォーミングアップのワークからはじめます。

しあわせすごろく

　このすごろくのゴールは「しあわせ」です。スタートから、あなたの人生の過去～現在～未来に起こるたくさんの「小さなしあわせ」を辿ってゴールに向かいます。

① 　まずは、あなたにとっての日々の「小さなしあわせ」のマス ⬚ をたくさん
　作ってみましょう。
　　最近、心にちょっとだけ灯がついた出来事はありますか？
　　こんなことが起こったらいいな！　と期待することはありますか？
　　（例）
　　　「おいしいお菓子を見つけた！」「かわいい猫を見た」「天気がとてもよかった！」
　　　「時間通りに家事を終わらせられた！」「久しぶりの友達から連絡がきた」
　　　「欲しかったものが割引で買えた」
　　　「頑張って練習していたことが少しだけできるようになった」
　　　「陰の努力をほめてもらえた」「風邪が治った！」

ワーク 3 で確認したあなたのリソースを思い出してみてもよいかもしれません。

②　次に、「ちょっとツイてない」出来事のマス  を作ってみましょう。
　　（例）
　　　「肩こりがつらい」
　　　「寝坊してしまった」

③　①と②を組み合わせて、すごろくを完成させましょう。

　このワークは、他の人と一緒に（2〜5人程度）取り組むのもおすすめです。各自が書いたマスを持ち寄って、1つのすごろくを作成しましょう。

シェアリング

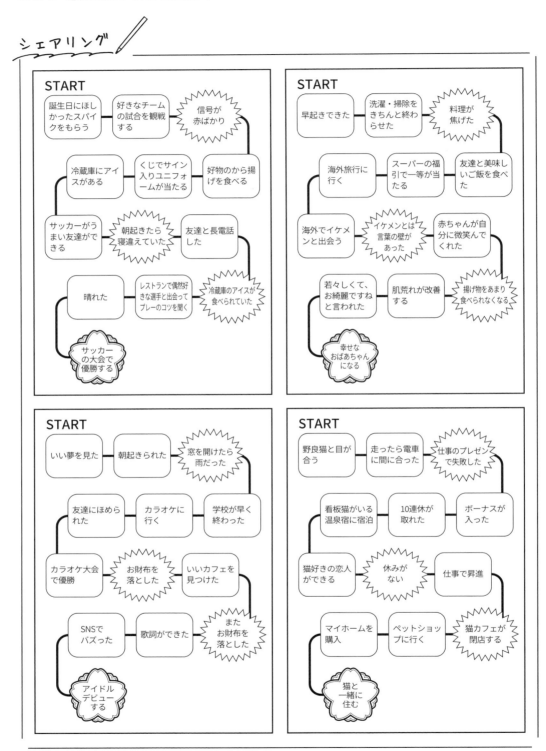

回復ストーリー

　落ち込んでいるキャラクターが、その後どのような出来事を経て、回復に向かうか、4コマ漫画のストーリーを作ってみます。どんな方法で、どんな工夫で、どんなラッキーなことがあって…回復に向かうでしょうか？　最後のコマはどのようになるでしょうか？現実的なストーリーでなくてもかまいません。自由に考えてみましょう。

　　　落ち込みからのその後のストーリーをイメージしてみましょう。
　　　正解はありません。

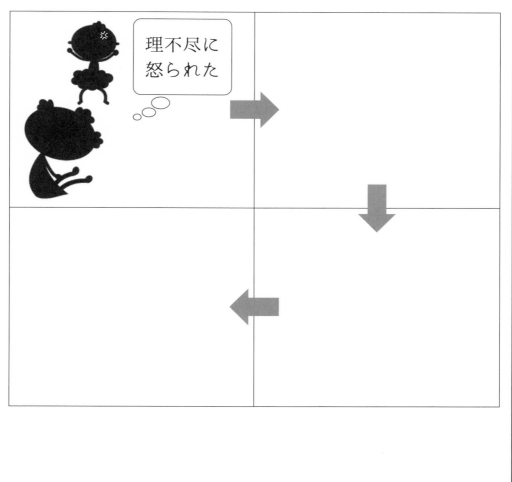

シェアリング

理不尽に怒られた → ひとしきり泣く。そのうちに夜になったので悲しみとともに寝る。 → 翌日ふくれっ面で登校する。 → かわいい猫を見つけ、勉強道具を捨てて猫を連れて行った。

理不尽に怒られた → 自分「自分が悪いのかな」 友人「あの人そういうところあるよね。私も怒られたことあるよ…分かる…」 → 自分（そうか、自分だけじゃないんだな…。自分が悪いんじゃなくて、ああいう個性の人だと思えば、あまり落ち込まなくてもいいな）（この気持ちを分かってくれてうれしい…） → 誰かに共感してもらえてスッキリ！そこまで落ち込む必要なかった！

理不尽に怒られた → ひとしきり落ち込む。夜ひとりで泣く。 → 自分の好きなことを色々する（ケーキを食べる、漫画を読む、音楽を聴く、好きなアイドルを見る、買い物をする）。 → 自分を甘やかして元気になった！

理不尽に怒られた → 家に帰ってからもう一回考えて、状況を整理した上で、やっぱりむかついた。 → 理不尽さを分かってくれる人をご飯に誘う。 → おいしいものを食べながら笑い話にして話す。

理不尽に怒られた → あの人はどうして怒っていたんだろう…モヤモヤ。 → 友達が急にアメをくれた。 → 自分っていい友達を持ってるなあ…と思いながらアメをなめていたら、モヤモヤが小さくなった。

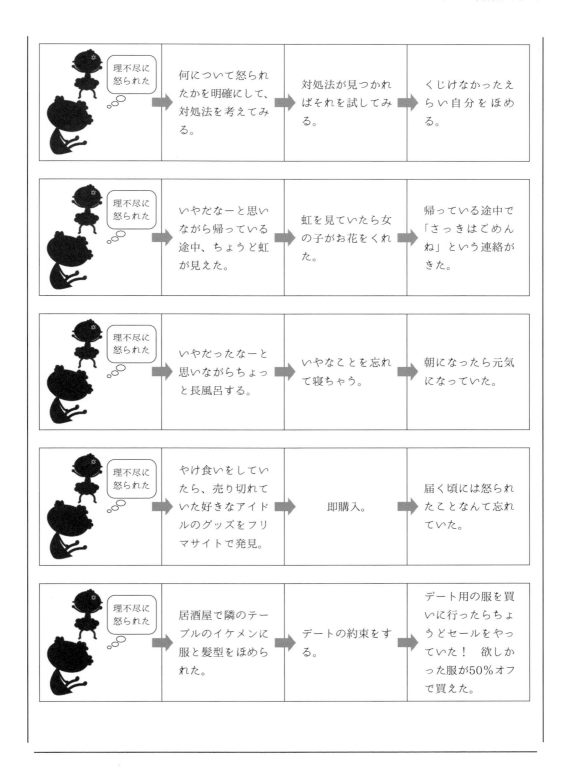

回復への道のりに何があるか？

　落ち込んだ状況から回復に向かうストーリーを作成するワークに取り組んでいただきました。古くからある心理検査のなかにも、絵を見てその後のストーリーを想像するという TAT（Thematic Apperception Test: Murray, 1943）というテストがあります。

　１つ前のレジリエンス・オリエンテーションのワークでは、その人の回復や適応の大まかな志向性（どのような回復を目指そうとするか）のイメージをつかむことができましたが、このストーリーのワークでは、そのプロセスのイメージをもう少し細かく知ることができます。回答例でみていただいたように、**まったく同じストレス状況からスタートしても、ゴールまでの展開をどのように想像するかはさまざまです。**

　こうした「回復までの道のりの違い」は、実は現実のなかにもあふれています。例えば試験という逆境状況において、「寝る間を惜しんで取り組み続ける」という道を進む人もいれば、「気分転換をしながら気持ちを整えることを優先する」という道を選ぶ人、「この科目はできなくても大丈夫」という考え方で乗り切る人もいます。逆境状況を乗り切るという意味では同じでも、そのプロセスは異なり、単純によい方法・悪い方法というように比較できるものではありません。

　レジリエンス・オリエンテーションの説明のなかでも述べましたが、レジリエンスのプロセス、すなわち回復や適応のプロセスは人によって多様です。元の状態に戻ろうとする人もいれば、その場に留まることで回復する人もいますし、出来事の意味づけを変える方向に進む人もいます。しかし私たちは、誰かのレジリエンスをサポートしたいと考えるとき、知らず知らずのうちに自分の回復イメージを押しつけてしまうことがあります。また、自身のレジリエンスを高めようと考えるときにも、レジリエンスの高そうな"誰か"の歩く道を想像して、それを自身にあてはめて苦しくなってしまうことがあります。**まずは、その人自身のオリエンテーションやプロセスを理解し、その道をうまく進めるようにすることが大切です。**

　一方で、他の誰かのレジリエンス・イメージを知ることで、今まで気づいていなかった新しいレジリエンスの道が開けることもあります。誰かのストーリーを見て、「こんな道もあったのか」「そういえば私もそんな風に回復したことがあった」と気づきがあったり、「私もそんなストーリーを思い描いてみたい！」と刺激されたりするかもしれません。

　今回、ワークで描いていただいた回復・適応のストーリーは、あくまでも想像の世界の出来事として描いていただいたもので、あなたの現実をそのまま表すものではありません。しかし

そこには、何らかのかたちで自身の経験が反映されているはずです。それは、実際に体験したことのある経験かもしれないし、体験してはいないけれども知識として触れたことのある経験かもしれません。

　さらにストーリーというのは、作った人の現実や経験を反映すると同時に、"ストーリーを作ることで現実が作られる"という側面を持っています（野村、2003）。あなたが断片的に経験してきたことが、「回復のストーリー」、あるいは「しあわせのストーリー」としてつながることで、忘れていた1つ1つのことがらが、回復の道のりとして認識できるようになる可能性があります。想像できた「ラッキー」な出来事も、これから先に起こり得ることとして意識されることで、実際に体験できる可能性が高まります。そのようにして、レジリエンスのアンテナを拡げていきましょう。

ワーク9

イメージに気づく──写真ワーク

　続いては、写真を使ったワークを行います。心理テストにおいて、言葉になりにくい気持ちを表現するためには、絵を描くという描画法がよく用いられます。白い紙に何を描くかは自由ですので、その表現には無限の可能性があります。しかしながら描画法には弱点があり、描く人の絵の上手さ・下手さが影響してしまう側面があります。

　そこでこのワークでは、心にわき上がってきたイメージを表現するツールとして、描画法より技術に左右されにくい写真を用います。スマートフォンやSNSの普及に伴い、日常のなかで写真を撮るということは日常的になりました。日々のなかで撮影した写真には、そのときの思い出と共に、そのときに感じた気持ちも記録されているのではないでしょうか。

　写真を用いて、自分のなかの言葉になりにくいイメージを拡げてみましょう。まずはウォーミングアップのワークからはじめます。

ワーク

イメージ選択ワーク

　次のさまざまな写真イメージのなかから、あなたの「落ち込み」と「回復」のイメージに近い写真を選んでみましょう。1枚ではなく、複数選んでいただいてかまいません。もし理由が書けるようでしたら書いてみてください。

＜落ち込みイメージ＞

番号：　　　　　　　　　　理由：

＜回復イメージ＞

番号：　　　　　　　　　　理由：

62

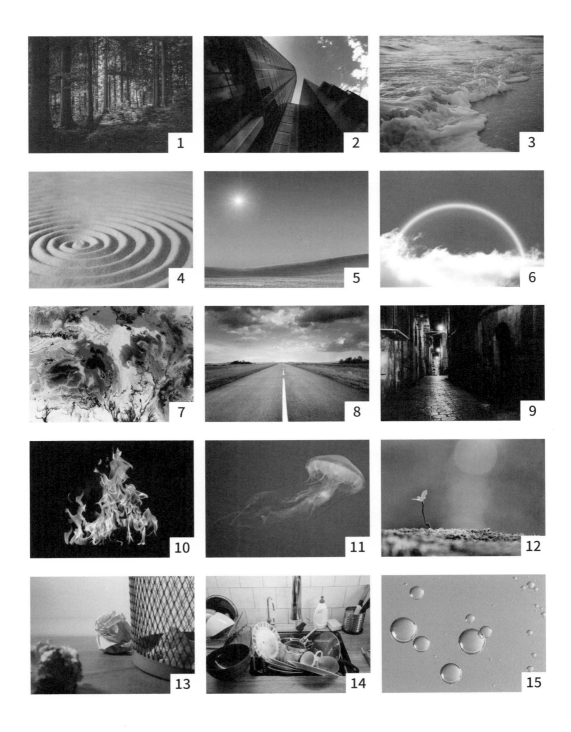

※ Canva より作成

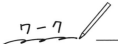

写真撮影ワーク

　今から可能な範囲で時間をとり、下記の2つのテーマで写真を撮影してきて下さい。

①　あなたにとって「落ち込み」のイメージにぴったりくる写真

②　あなたにとって「回復」のイメージにぴったりくる写真

　もちろん正解はありませんので、自由に表現してください。形も、加工も、組み合わせも、何でも可です。

　あなたが何を撮ろうとしたのか、どのような部分から「落ち込み」「回復」と捉えたかの理由も書いてみてください。

　どのような写真を撮影しましたか?

＜落ち込みイメージ＞

写真：

理由：

＜回復イメージ＞

写真：

理由：

シェアリング

誰もいない静かな階段。いつも誰かが
いて音がたくさんあふれているのが普
通で少しさみしかったので。

木のすきまからの青空。別に落ち込ん
でいなかったのですが、元気が出たの
で。

葉が落ちちゃってる感じで、気持ちが
落ち込んでいるところをイメージ。

葉が生い茂っていて回復した感じをイ
メージ。

道にある網のようなところ。網の下が透けて見えたのでどん底、下に落ちていくイメージ。

床に光が差している。光が希望のようなイメージで、暗い所に少し差している感じがこれからの回復を予感させるような気がした。

落ち込んで下を見て道を歩いているイメージ。

上を見てきれいで明るい空というイメージ。

67

1つのどんぐりが道の真ん中に踏まれていた写真。1つだけ道に転がっていたことと、何本もの亀裂が入り、原型をとどめていないことから、何度も傷つけられ自分が崩壊するまでに心が痛く、ひとりぼっちであることをイメージ。

光が中心に入った空の写真。周囲は雲で覆われているけれど、その隙間から光差す空から周りが暗く、沈んでいる状況のなかでも、光はその暗さを突き抜けて届くという回復の希望をイメージ。

キリン。広いところに行きたそうなのに、目の前には荷物があったり、外とはガラスの窓があったりして、ずっと狭いところにいて、顔もしょぼんとしているから。

ベンチ。普通は1つだけだったり、まっすぐに置いてあることが多いけど、円になっていて、楽しそうだから。色も明るい。

プランターに植えられている枯れた葉。もう何かをする元気がなく、暗いイメージ。

空に向かって育ったたくさんの木々。光に向かって頑張っていく明るいイメージ。ひとりじゃないというイメージ。

蛇口の写真。蛇口の栓が開いてなくて自分の気持ちが塞がっている感じ。

光が入ってきて、明るく視界が広がっている。

69

階段下の暗いところの写真。落ち込みは暗くてひとりのイメージ。狭いところ。

4人でピースしている影の写真。仲間がいてくれて回復できるイメージ。

「禁止」「お断り」の錆びてる看板。なんか暗い感じがした。

かびかびになった地面から、小さな芽が出てた！

階段の角に追いやられていたイス。コケとドロで暗くドヨドヨしていた。カベのコケが暗い気持ちが垂れ流れているようだった。

コケ。周りから見てもらえなくても、一生懸命生きているように見えた。

暗い雰囲気の写真。錆びている、放っておかれている…。人気がなくさびしい感じ。

落ち込みと捉えたもののなかから芽吹く新しい命。それがあることによって、ただの落ち込みのイメージのものが、また違う意味を持つイメージ。

穴の奥の方が暗くてよく見えないので、落ち込んでいるときに先が見えない不安。

普段茶色である木に、緑色のコケがついていたり、緑の葉が生えていることで生きている元気であるというイメージ。

乱雑に置かれた荷物だけが放置されている光景。蛍光灯の明るさと、下部の暗さが対比していて、落ち込み・傷つきは下部を指している。周囲との差、孤立をイメージした。

手すりを道にたとえ、素材が光るものを探していたため、この写真を選んだ。手すりの先がとぎれていないことから、道の先が、つまりは希望、将来への展望があることをイメージした。

気づかれないことが多い、忘れられているということについて。

なおして元気になる、なおして美しくなる（ポジティブになる）ということについて。

落ち込んでるとき、何もしたくないし、体もだるいし、何となくその落ち込んでるときの私に見えた。

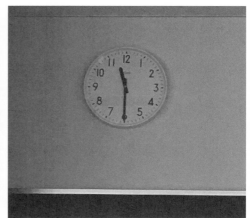

今日サークルもなく、もうすぐお昼ですぐに帰れるから、これ見て元気になれる。

傘袋の BOX が閉まっている所を撮った。使いたかった所に使いたかったものがあるのに使えないと分かったときの、何とも言えない気持ちになった。

木を支えるもの（木）がついている。他人に支えられながら立ち直ってきた状態。

非常口の上にある緑のあの人（ピクトさん）
→逃げ出したい！

消火器（シルバー調でちょっとかっこいい形状）
→消火器で窓ガラスとかバーンと割って元気出したい！

レジリエンスはどこから来るか？

　写真を撮ってみていかがでしたか？　写真は、なにか嬉しいことがあったときや、感動したことがあったときに撮ることが多いので、落ち込みを表す写真を撮ったのははじめてだったという方もいるかもしれません。また、写真を選んだ理由を何となくで終わらせるのではなく、言語化することで、自分にとっての落ち込みや回復はどのようなものなのか、具体的なイメージを深められた部分があると思います。

　他の人の写真を見てどのように感じたでしょうか。同じお題にもかかわらず、真逆のイメージのものもあって、多種多様です。光が差し込んでだんだんとポジティブ感情に向かっていくことを回復と感じる人もいれば、ドカンと一気に心が晴れることを回復と感じる人もいるなど、たった一枚の写真に、その人の回復に関するさまざまな要素が詰め込まれています。

　また、同じ対象を撮影していても、実はその意味付けが違うことがあります。例えば同じ「虹がかかる空」を撮っていたとしても、ある人は「空の鮮やかな青さ」に回復を感じ、ある人にとっては「雲の白さ」が意味を持ちます。また、他のある人にとっては、「むかし虹を見た日の思い出」が思い起こされることが重要であったりします。写真を使ってその人のレジリエンス・イメージを理解するには、写真そのものだけでなく、その写真を選んだ理由や、その人自身がその写真をどう捉えているのかにもしっかりと耳を傾ける必要があります。

　今はSNSが広まり、自分の生活を写真で表現することが日常的になりました。それらを見ると、何が写っているかにばかり注目してしまいやすいですが、その人が「どのように撮っているのか」に注目してみると、その人の「心」が見えてくる可能性があるかもしれません。

　さらに、この写真のワークからは、その人のレジリエンスに対する「統制感（コントロール感）」を読み取ることができます。すなわち、**自分のレジリエンスを、自分の意思でコントロールしていくものと考えているか、環境や他者からもたらされる部分が大きいものと考えているか**です。

　それを知るために、まず、その人が写真で写そうとしたものを、【主体】【対象】【文脈・関係】の3つに分類します。【主体】とは、自分の目線であったり、行動の体感を映しているものです。例えば、青空の写真を「上を向いて、頑張ろうとしているイメージ」と、自分の目線が上向きであることを表していると説明しているものがそれにあたります。

　【対象】とは、植物や、場所、動物など、自分以外の物や風景を映し、その状態や特性を理由としているものです。例えば、花壇の赤い花を撮影し、「鮮やかな赤が元気や回復を表しているように見えたから」というようなものがそれにあたります。

　最後に【状況・文脈】は、写真に映っている複数の物の対比や、時間的変化を理由としてい

たり、そこに映っていないことがらによる意味付けによるものを差します。例えば、複数のベンチを映し、「ふつうは１つだけだったり、まっすぐにおいてあることが多いけど、円になっていて、楽しそうだから」といったものや友達の写真を撮って、「何かあっても友人とふざけていたら自然と元気になれるから」とそこには写っていない関係性を表現しているものなどが挙げられます。

　ここから読み取れるのは、その人が**レジリエンスを、自分の行動などによって主体的に達成するものと考える傾向にあるか、それとも環境や他者からもたらされるものと考える傾向にあるか**ということです（図７）。【主体】にあてはまる写真を選んだ人は、レジリエンスを達成できるかは自分次第であり、自分の力で進んでいくイメージを持っていることが読み取れます。それに対して、【状況・文脈】にあてはまる写真を選んだ人は、環境や他者からもたらされるものと感じやすいことが推察されます。また、【対象】にあてはまる写真を選んだ人は、どちらかと言うとレジリエンスを主観的な体験というよりも客観的・論理的に捉える傾向にあるかもしれません。

　これらの分類はもちろん絶対的なものではありませんが、自分の撮った写真がどこにあてはまるかを考えてみると、自分がレジリエンスに対してどのような統制感（コントロール感）を持っているかのヒントが得られるかもしれません。

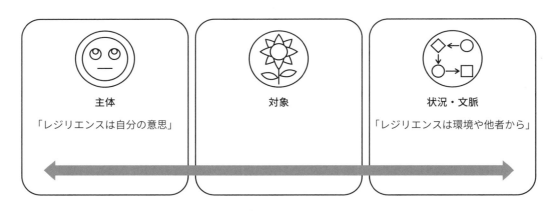

図７　レジリエンスに対する統制感（コントロール感）

レジリエンスをプロフィールで捉える

　ワーク１〜９への取り組み、お疲れさまでした。最後に、これまでのワークを通して捉えた自分のレジリエンスの特徴をまとめ、レジリエンス・プロフィールを作ります。

《これまでのワークで発見してきたレジリエンス》

ワーク4／5　外的資源・内的資源
　自分がつらいときに自分を支えてくれるものや、行動、人などを確認しました。また、自分のなかにある「力」についても確認し、それらが「場」によってさらに拡がる可能性も確認しました。

ワーク5　レジリエンス要因
　尺度を用いて、自分の性格的なレジリエンス要因を確認しました。

ワーク6　レジリエンス・ビリーフ
　自分にとってレジリエンスが「どのようなものか」という信念を見つめました。

ワーク7　レジリエンス・オリエンテーション
　自分が落ち込みから「どのように回復しようとするか」の志向性を見つめました。またその志向性の柔軟性についても確認しました。

ワーク8　レジリエンス・ストーリー
　自分のレジリエンスの道のりに起こりうる展開を思い描きました。

ワーク9　レジリエンス・イメージ
　自分のレジリエンスのイメージを深めるとともに、「どのように得られると感じているか」という統制感を見つめました。

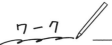

レジリエンス・プロフィールの作成

　これまでのワークで発見してきた自分のレジリエンスの特徴を、1枚の紙にまとめてみましょう。どのようなデザインでもかまいません。すべての内容を盛り込まなくても大丈夫です。自分にとって特に大切だと思うものを強調してもよいでしょう。自分で撮影した写真をプリントして貼ったり、雑誌の切り抜きを貼ってコラージュのような形で作るのも素敵です。

　このプロフィールは、あなたのレジリエンスが「高い／低い」ことを示すものではありません。あなたらしいレジリエンスのヒントが詰まったものです。

　どのようにまとめてよいか分からない、デザインが難しいと感じる方は、まずは下記のひな型に沿ってこれまでのワークの結果をまとめてみましょう。また、次のページに、他の人が作成したプロフィールの例を載せますので、ぜひ参考にしてみてください。

レジリエンス・プロフィール

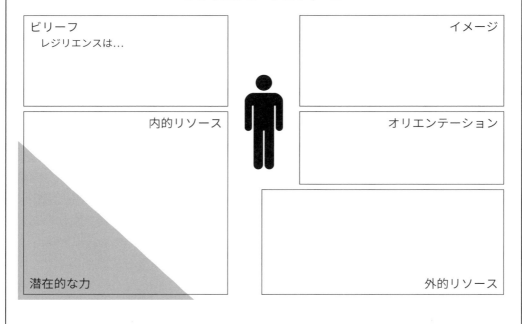

シェアリング

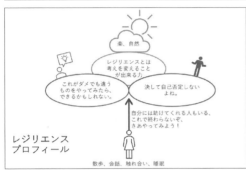

STEP4
自分のレジリエンスの価値を知る

他者との関係のなかに表れるレジリエンス

　ここまでは、自分のレジリエンスを自分で見つめるセルフワークに取り組んできました。ここでは、あなたをよく知る誰かと一緒に行うペアワークを行います。

　レジリエンスを促進するためのペアワークは、自分のことを知っていてくれている、信頼できる相手と行うことが大切ですので、このワークもそうした相手と一緒に行ってみてください。

ワーク

思い出をたどるペアワーク

　お互いをよく知る相手とペアになって、次のインタビューにそれぞれが答えていただきます。リラックスできる環境で、少しゆっくりと 30 分くらいは時間をとり、会話を拡げていただければと思います。

Q1. あなたにとって、相手と過ごした一番思い出深い時間について教えてください。
　　特別な日のことでもいいですし、もっと日常のなかの一コマでもかまいません。

　　それはいつ、どんなときでしたか？
　　どのようなことをしましたか？
　　それはなぜ、あなたにとって思い出深いのですか？

Q2. あなたが知っている、相手の「よいところ」について教えていただきます。
　　なかなか一言では表現しきれないかと思いますので、
　　まずはワーク5の32〜33頁のリストのなかから選んでみていただくのがよいかも
　　しれません。

　　相手の「よいところ」はどのような部分ですか？
　　あなたは相手のその部分を、いつどのように知りましたか？
　　それにまつわるエピソードをぜひ教えてください。

Q3. いつもは伝えることができていないけれど、改めて、相手に伝えたい気持ちを伝えて
　　ください。
　　（例）
　　昔してもらったことで、じゅうぶんに感謝を伝えきれていないこと
　　いつも思っているけれど口に出していないこと
　　相手の大好きなところ
　　相手と一緒にこれから何をしたいか…

大切な誰かと一緒にレジリエンスを育む

　ペアワークを終えて、いかがでしたか？

　相手から伝えてもらったあなたの「よいところ」はどのような部分でしたか。自己評価と同じであった人もいれば、違った人もいると思います。自分が大切にしている部分を評価してもらうことも嬉しいですし、自分にはないと思っていた部分を見出してもらえることもまた、新しい発見につながります。

　レジリエンスにつながる自分の内的資源を見つけるためには、他者からのフィードバックをもらうことが役立ちます。誰かから「あなたには、こんなよいところがあるよ」と教えてもらうことで、自分で気づいていなかった自分の強みに気づくことができるでしょう。

　それだけでなく、他者からそのように自分のよいところを褒めてもらうということ自体にも、ポジティブな効果があります。肯定的な評価をもらうことで、気持ちや考え方がポジティブになったり、それによって行動や、対人関係における振る舞い方も変化したりしていくと言われています（高崎、2013）。日本文化において「ほめられる」というと、学校の先生や親などを思い浮かべやすいですが、親しい友人から性格をほめられることも、精神的健康によい影響を与えることが示されています（小林、2012）。

　しかしその一方で、人からよい評価を受けることが必ずしもポジティブに機能しないことを示す研究もあります。例えば、公の場で好ましく評価されることに恐怖や不快を感じるという人は一定数いますが（Weeks et al., 2008）、小学1年生であっても、誰かの前で自分をほめられることに否定的な感情を抱く子どもが存在することが報告されています（青木、2009）。また、自尊感情が低かったり、自他をネガティブに捉えている人々は，ほめられるときに否定的な感情的反応を示すことも報告されています（林寺、2015；青木、2009）。ワーク5で紹介した、筆者が実施した調査（平野、2019）においても、他者から自分のよいところを伝えてもらうことに対して、「自分は本当はそうした評価に見合う人間ではない」「本当の自分を理解されていない」といった葛藤が生まれる場合があることが示されました。

　これらのことから、**レジリエンスを促進するためのペアワークにおいては、①安心できる他者とのクローズドなワークであること、②本当の自分を理解した上での評価だと感じられることが重要**であると考えます。そのことをふまえて、このワークでは、親しい関係の誰かと一緒に、二人の間の具体的なエピソードを想起しながら、お互いの資質を伝え合うワークを行っていただきました。

　ペアワークで自分のよいところを伝えてもらうことで、下記のような感想を持つ人が多いようです。

- ・あたたかい気持ちになった
- ・相手からの評価が嬉しかった
- ・意外な部分を見ていてくれて驚いた
- ・勇気づけられた
- ・努力していたことが認められた気がした
- ・相手の存在を大切に感じた

　またこのワークは、「相手によいところを伝える」ことからもポジティブな感情が引き出されることがわかっています。例えば、次のような気持ちがわいてきませんでしたか？

- ・相手との思い出や歴史を思い出すことができた
- ・あたたかい気持ちになった
- ・相手をより大切に思うことができた
- ・思いを照れずに伝えることができてよかった

　つまり、大切な相手とのあたたかい思い出を思い出し、相手のことをポジティブに評価する作業を通して、相手との関係性を大切に思い、相手からも自分が大切にされていると感じられます。お互いにポジティブな評価を伝え合うことのできる人間関係は、それ自体が、その人のレジリエンスにおける外的資源の１つであるとも言えるでしょう。
　このワークを通して自分にとっての内的資源・外的資源に新たな気づきが得られたら、ぜひ自分のレジリエンス・プロフィールに加筆してみてください。

グループの視点から見た個人のレジリエンス

最後に、これまでとは少し異なる視点からレジリエンスを理解するためのワークを行います。ここまでのワークを通して、個人のレジリエンスを社会のものさし——「高い／低い」「よい／悪い」——で見るのではなく、その人独自のレジリエンスとして理解することを試みてきました。では、さまざまなレジリエンスを持つ人々が集団（チーム／グループ）として集まったとき、個々人のレジリエンスはどのように機能するのでしょうか。

チームのレジリエンス

ここは、3名のスタッフで営業しているカフェです。下に示すのは、お店のメンバー A さん、B さん、C さんのレジリエンス要因（尺度）のプロフィールです。このカフェが、さまざまなトラブルに直面した際に、各メンバーがどのようにお互いのレジリエンスを発揮して乗り越えられるとよいと思いますか？

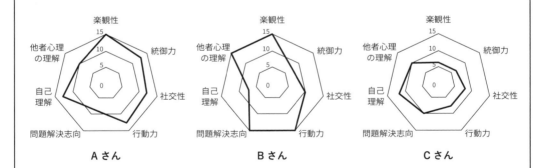

【トラブル①】

・注文が重なって、料理が間に合わない！　お客様がイライラしている！

【トラブル②】

・集客がうまくいかず、売り上げが伸びない！

【トラブル③】

・突然の大規模停電が起こった！

レジリエンスの多様性が価値となる

　個々人のレジリエンスが、集団においてどのように相互作用し、機能するかを考えるワークに取り組んでいただきました。

　近年、雑誌の見出しなどで、"組織のレジリエンスを高める""チームのレジリエンスを高める"といったスローガンを目にすることが増えました。レジリエンスに限らず、チーム全体の力を向上させようとするとき、まず単純にイメージするのは「全員の力を底上げする」ことではないでしょうか。レジリエンスにおいても、その視点で考えてしまうことがありますが、実はそれは効果的ではありません。

　今回のワークでは 3 名の尺度プロフィールを提示しました。A さんは楽観性・行動力・自己理解の高いプロフィール、B さんは高いものと低いものに大きな偏りのあるプロフィール、C さんは全体的に低いプロフィールです。

　先ほど述べたような「全員の力を底上げする」という見方をすれば、チームのレジリエンスを高めるためには A さんの「問題解決志向」や「他者心理の理解」、B さんの「統御力」、そして C さんの要因全般を育成する必要があると考えるでしょう。それも 1 つの方法かもしれません。しかしながら、危機状況に陥ったときにチームが「生き延びられる」可能性という観点から考えれば、C さんの「楽観性」や「行動力」の低さが、A さんや B さんによる取り返しのつかない対処行動のミスを防ぐ可能性がありますし、A さんの「問題解決志向」の低さが、チームメンバーの陥った特定の問題解決へのとらわれを救うかもしれません。つまり個々人の持つ良い側面の多様性だけでなく、弱い側面の存在によっても、組織のレジリエンスが拡がる可能性があるといえます。

　このように、組織やシステムが危機を乗り越えるという視点で見たとき、重要なキーワードが多様性です。**窮地に陥ったときに生き延びるためには、複数のさまざまな経路があることが重要**です。例えば、電車の路線を思い浮かべてみてください。目的地まで最短ルートでの特急電車だけを走らせた場合、何も問題がない状況であれば便利でコストパフォーマンスも高いかもしれません。しかしその線路に問題が起きたときには、迂回ルートをいくつか持っていることが助けになるでしょう。現代社会は、合理的に、無駄を省くことに価値を置く傾向があります。しかし**レジリエンスの観点では、遠回りや、非効率的なことこそが重要なことが多い**のです。

　すべてを失わずに生き延びるという視点で言えば、資産運用においても同じことが言えます。1 つの銀行に投資するよりも色々な銀行に投資した方がリスクを分散させることができるでしょう。また、心理学とは少し異なる進化論的な視点からも、多様性が重要な機能を持つこ

とが分かります。例えばサルは、食物の限られた森のなかでできるだけ多くの命を存続させるために、個体の身長にばらつきを持たせることで、同じ高さの木に成る実を食べ尽くさずに、生き延びさせることを可能にしたことが明らかになっています（情報・システム研究機構新領域融合センターシステムズ・レジリエンスプロジェクト、2016）。一方で、ヒトはどうかというと、身長などの個体差はあまりないものの、性格特性については他の種にはない多様性があり、そのことが種としてのレジリエンスに機能していると考えられています（村上、2018）。

　組織にとって、所属する人々の属性や特性が多様であることが、さまざまなメリットをもたらすことはすでに1970年代から指摘されていることですが（Blau, 1977）、レジリエンスを考える上でも同じように、**個々の持つレジリエンスの多様性が、組織としてのレジリエンスにもポジティブな影響をもたらすと考えられます。**これまでのワークで確認してきたように、個人のレジリエンスは本来的に多様なものですので、そうしたそれぞれの持つレジリエンスを最大限に発揮させることが、組織、すなわちチームやグループにとってのレジリエンスにもつながるはずです。

本書のアプローチの
実践と効果

グループワークを用いた実践（平野、2019a）

１．対象・手続き

　都内の女子大学において、心理学の演習授業の一環として 3 年生 13 名を対象としてプログラムを実施しました。グループは 4 名程度ずつの顔見知りのグループに分かれて実施しました。プログラムは 1 回 90 分で 2 日に分けて実施され、1 回目と 2 回目の間には 1 週間の間隔があいていました。

表 8　潜在的レジリエンスへの気づきを目指したグループ・プログラムの概要（平野、2019aに加筆）

	ワーク	内容	形式
1回目（90分）	1. 導入（ワーク1）	1-1. レジリエンスの概念説明	講義
		1-2.「私にとってレジリエンスとは」	個人ワーク
	2. ウェルビーイングの多様性を認識する（ワーク8）	2-1. 自分の「しあわせ」のもとってなんだろう？	個人ワーク
		2-2. しあわせすごろく	グループワーク
2回目（90分）	3. 自分を肯定的に評価する準備	3-1.「できたこと」を貯めよう	宿題
		3-2.「できたこと」の認め合い	グループワーク
	4. レジリエンス資源の多様性を認識する（ワーク5、11）	4-1. 自分の「よさ」ってなんだろう？	個人ワーク
		4-2.「よさ」の伝え合い	グループワーク
	5. レジリエンス・イメージの多様性を認識する（ワーク9）	5-1. 自分のレジリエンスってどんなイメージ？	個人ワーク
		5-2. イメージのシェアリング	グループワーク
	6. レジリエンス・オリエンテーションの多様性を認識する（ワーク7）	6-1. 自分のレジリエンスはどこに向かう？	個人ワーク
		6-2. オリエンテーションのシェアリング	グループワーク
	7. レジリエンス・ストーリーの多様性を認識する（ワーク8）	7-1. 自分のレジリエンスはどう進む？	個人ワーク
		7-2. ストーリーのシェアリング	グループワーク
	8. まとめ	8-1.「私にとってレジリエンスとは」	個人ワーク

２．プログラム内容

(1)導入（ワーク1）

　プログラムの導入として、まずレジリエンス概念とその辞書的な定義について、講義形式で

説明を行いました。そして、レジリエンス概念を具体的に理解してもらうために、概念の説明をなるべく自らの心に当てはめて理解してもらい、現時点で理解した心のレジリエンスを、「私にとってレジリエンスとは」という文章に続けて記入してもらいました。

（2）ウェルビーイングの多様性を認識する（ワーク8）

　続いて、ウェルビーイングや幸せを構成するものが人によってさまざまであるということを認識してもらうために、普段の生活のなかで、自分に「しあわせ」をもたらす瞬間をできるだけたくさん挙げてもらうワークを行いました。その際の「しあわせ」は、あまり大きなものではなく、なるべく小さな喜びをもたらす瞬間を想定してもらうよう教示しました。最初に行う個人ワークであるため、ウォーミングアップも兼ねて、なるべく心理的な抵抗を感じにくい内容としました。

　そして、そこで各々が挙げた「しあわせ」のもとをマスとしたすごろくを作成し、完成したすごろくを3〜4名のグループで紹介し合った後で、1つのすごろくに実際に取り組みました。こちらも最初のグループワークとなるため、「日々のなかで小さな幸せを感じる瞬間」という軽い内容の自己開示からシェアできるように工夫しました。

（3）自分を肯定的に評価する準備

　次に、自分のレジリエンスを認識するための準備として、生活のなかで自分が実践できていることに目を向けるワークを行いました。最近自分が「できたこと」を思い浮かべてもらう際に、「できたこと」には、少しだけ挑戦できたことや、楽しめたことや、いつも通り続けられたことなど、達成だけではない多くのものが含まれることを伝えました。その上で、プログラム2回目までの一週間の間に、自分が「できたこと」をなるべく毎日見つけて記録してもらうという宿題を出しました。なお、レジリエンスの尺度得点が低い人々にとって、自分の「できたこと」を継続的に記録することは自尊感情の向上に効果を持つことが示唆されており、この宿題では特にレジリエンスの自己認識が弱い人たちが自分を肯定的に捉える準備を整えることをねらいました。

　一週間後の2回目のプログラムでは、お互いの「できたこと」を発表し、認め合うグループワークからはじめました。自分の「できたこと」が他者からも承認されることによって、自分の肯定的側面に目を向けるための心の準備を整えました。

（4）レジリエンス資源の多様性を認識する（ワーク5、11）

　次に、自分のなかにあるレジリエンス要因となり得る特性を認識するワークを行いました。ここでは、セリグマンらの提唱する24のストレングス（Peterson & Seligman, 2004）を参考に作成したポジティブな性格・行動特性のリストを用いて、少しでも自分にあてはまると思う

「よさ」あるいは努力している「よさ」を最低1つは選んでもらうようにしました。たくさんの特性がリストになっていることで、その全てを有しているとは思えなくても、なかには有しているものもあるかもしれないという認識を持ってもらえるようにしました。

　続いて、グループワークとして、グループメンバーの「よさ」を選び合うワークを行いました。相手の「よさ」を選ぶ際には必ず根拠となるエピソードを添えてもらいました。他者から自分の長所を、根拠を添えてほめてもらうことは、ポジティブ感情や気づきを促進し、自己評価の力につながる可能性が示唆されています。

(5)レジリエンス・イメージの多様性を認識する（ワーク9）

　次のワークでは、自分にとっての「落ち込み」や「回復」がどのようなものか、無意識に抱いているイメージを改めて認識してもらうために、複数の写真イメージ（風景、動物、物、抽象など、人が写っていないもの）から「落ち込み」と「回復」のイメージに近い写真をそれぞれ選んでもらいました。その上で、グループワークとして自分が選んだイメージをシェアしてもらい、誰かが「落ち込み」として選んだイメージが他の誰かにとっては「回復」のイメージにもなり得ることなど、それぞれが抱くイメージがさまざまであることを確認しました。

(6)レジリエンス・オリエンテーションの多様性を認識する（ワーク7）

　次に、自分が落ち込んだ際にどのような回復を目指そうとするのか、すなわちレジリエンスの志向性を確認するために、落ち込み状況の刺激画の登場人物に対する反応を投影法で記入してもらいました。反応はレジリエンス・オリエンテーションの枠組みで分類し、志向性特徴（回復／復元／転換）を確認しました。その上で、グループワークで他の人の反応をシェアし、同じような状況であっても、どのような回復を目指すかは人によって異なり、回復のあり方は多様であることを認識しました。

(7)レジリエンス・ストーリーの多様性を認識する（ワーク8）

　続いて、落ち込みからの回復における多様なプロセスを考えてもらうために、(6)の登場人物がその後どうなって回復に至るかのストーリーを書いてもらいました。その際には、(2)の「しあわせ」のもとや、(3)の「できたこと」、(4)の内的資源、(5)の回復イメージ等を振り返り、ストーリーを作るヒントとしました。その後、グループでストーリーを紹介し合い、回復までのプロセスは無限にあることを確認しました。

(8)まとめ

　最後に、すべてのワークを振り返った上で、自分にとっての心のレジリエンスとはどのようなものか、改めて定義をしてもらいました。記入の方式は、(1)と同様に「私にとってレジリ

エンスとは」という文章に続く文章完成法の方式としました。

3．アンケート内容
①プログラムに取り組む前に記入したレジリエンスの定義
②プログラムに取り組んだ後に記入したレジリエンスの定義
③プログラムを通して、自分自身のレジリエンスについて気づいたこと（自由記述）
④その他の感想（自由記述）

4．倫理的配慮
　プログラムには心理的な内省を深める内容が含まれましたが、過度に侵襲的な内容を含まないよう、レジリエンスや心理介入のグループ・アプローチに関する経験を有する臨床心理士の助言を得ながら慎重に検討しました。参加者に対しては、ワークの実施中に気分が悪くなったらいつでも中断してよいこと、調査への協力は決して強制ではないこと、個人情報保護についての説明を十分に行いました。また、プログラム中は、参加者の精神状態に気を配りながら必要に応じて個別の緊急対応ができるよう十分に配慮の上実施しました。なお、本プログラムにおけるワークは個人的な内容を多く含むものであるため、倫理的配慮および記入にあたっての心理的抵抗を低減するために、参加者が各ワークに記した内容についてはデータとして取得しない旨をあらかじめ伝え、上記（1）〜（4）の内容のみをデータとしました。

5．結果と考察
　参加者が記入したプログラム前後のレジリエンスの定義の変化と、自由記述の分析から、グループワークを通して、①非能動的なレジリエンスへの気づき、②レジリエンスに至るプロセス・方法の拡がり、③自分のレジリエンスの信頼、④回復を越えたイメージ、⑤変化のベースとなる多様性認識、の5つの効果が見出されました。

(1)非能動的なレジリエンスへの気づき
　1つ目は、「非能動的なレジリエンスへの気づき」でした。これは、**プログラム前にはレジリエンスを能動的あるいは積極的な回復プロセスとして捉えていたのが、プログラムを通して受動的な回復や消極的な方法も含めてレジリエンスと捉えるようになった**変化です。例えば、はじめは「少しずつ成長」というように回復に向けてまっすぐ向き合う方向性を想定していたのが、プログラム後は「遊び、寝て、回復」というように、よそ見をしたり、何もせず寝ている間にも回復することを認識したり、はじめは肯定的感情やポジティブな行動のみを描いていたのが、「逃げること、泣いて吐き出すこと」というマイナス方向の行動がレジリエンスにつながることを認識するようになっているものが挙げられます。こうした変化への言及は自由記

述にもみられており、日常的に非能動的なレジリエンスを発揮していたことへの気づきがうかがえました。

　レジリエンス、あるいはストレスへの対処力をイメージするとき、多くの場合ポジティブな行動や前向きな姿勢が連想されます。それは、被災など大きなネガティブイベントを体験した人々に対して、社会が一方的に押し付けるイメージとも関連しています。ネガティブイベントやストレスに対する適応的なあり方として、従来の研究では積極的コーピング（問題に向き合い、解決を志向し、情緒をコントロールする）の価値が強調されてきました。しかしその一方で、あまり適応的でないとされる消極的コーピングについても、場合によっては重要な方略となることも注目されています。ネガティブな思考をポジティブなものへと修正するのではなく、ネガティブなままにして距離をとっていくマインドフルネスのアプローチ（Kabat-Zinn,1994）や、日本における「あきらめ」という処し方（菅沼、2018）もその1つです。レジリエンス概念で表現される回復や適応は、しなやかさや柔軟さと訳されており、そうした受動的・消極的に見える対処を含む柔らかいものであると考えられます。すなわち、明るい方に向かって真っ直ぐ強靭に突き進む力とは少し異なるのです。にもかかわらず、「レジリエンスの高い人」とされる人物像は、結果的にそうしたまっすぐな強靭さを持った「優れた」人物となっている現状があります。レジリエンスとパーソナリティの関係をメタ分析した研究において、レジリエンス得点の高さと、良いパーソナリティ得点の高さの相関はかなり高いことが示されており（Oshio et al., 2018）、レジリエンス尺度で測られるものが果たして"しなやかな"レジリエンスを反映できているのかは、レジリエンス研究における課題であると言えます。本プログラムでは、ワークを通して、そうした「優れた」レジリエンス像だけではない様々な回復プロセスへの視座を持つことができる可能性が示唆されました。

（2）レジリエンスに至るプロセス・方法の拡がり

　2つ目は、「レジリエンスに至るプロセス・方法の拡がり」です。これは、**自分が回復に至るための手段が複数あることを認識するようになった**という変化です。例えば、「周りの人に話を聞いてもらったり」というように他者の力を借りる方法を得たり、「いろいろな方法」「自分なりの方法」があると認識したりするものです。自由記述においても、他者に協力を求めたり、小さな幸せに目を向けたりすることなど、新たな手段が見つけられたという記述が見られました。

　ストレス状況において適応的なコーピング方略は状況によって異なり、ストレスに応じて適切なコーピングをうまく採択できることが必要とされます（真船・小杉、2007）。したがって、個人が用いることができるコーピングの手段は、多ければ多いほど適応に繋がりやすいと言えます。もちろんコーピングの手段の数が必ずしも重要なわけではありませんが、自分が落ち込み状況に陥った際に、そこから回復する手段がたくさんあると認識することは、そのこと

自体が個人のレジリエンスにつながると言えます。それまで自分が用いることのなかった新たなコーピングのスキルは、心理教育的なレクチャーによって拡げることができますが、今回のプログラムではそうした内容は含まれていませんでした。にもかかわらず、プログラムを通して新たな方法が拡がった理由としては、第一に、グループワークのなかで他者のコーピングスキルに触れ、新たな方法を取り入れることができた可能性が挙げられます。そして第二に、自分がどのように落ち込みから立ち直ってきたかを内省するなかで、これまで意識していなかった資源に気づき、それらを自分が能動的に使える手段として新たに認識したことによってコーピングが拡げられたのではないかと理解できます。

(3)自分のレジリエンスの信頼

　3つ目は、「自分のレジリエンスの信頼」です。これは、プログラム後に自分のレジリエンスを「どのように行動すれば回復できそうなのかを教えてくれるもの」と定義した例のように、**レジリエンスを自分のなかに確かに存在し、自分を受け入れ、助けてくれるものと認識するようになった**変化です。自由記述においても、自分が思っていたよりも日常のなかでレジリエンスを発揮していたことを認識したという記述が見られていましたが、これは上述した非能動的なレジリエンスへの気づきと関連しています。しかし特徴的であるのは、その説明においてレジリエンスを、自分自身の特性というよりも、"自分を助けてくれる存在"というように、外在化したかたちで述べている点です。臨床心理面接において、問題や症状を自分自身と切り離して考えることにより、問題に対処する自我を強化し、問題に付随する社会文化的言説から逃れるといった外在化のアプローチは、ナラティブセラピーや認知行動療法において多くの現場で用いられています（児島、2010; 菊池、2011）。そうした外在化の技法は、ネガティブな問題に対してだけでなく、自らのポジティブな側面に対しても適用されることがあります（White, & Morgan, 2006; 山本ほか、2012）。すなわち、あらゆることがうまくいかない状況において、例外としてうまくいっている部分を言語化し、外在化していくことで、その人の資源を見出していくことができます。本プログラムにおいても、これまでの生活のなかで立ち直ることができていた経験を参照するなかで、こうした外在化が促進されていったことが予想されます。

(4)回復を超えたイメージ

　4つ目は、「回復を超えたイメージ」でした。プログラム前はレジリエンスを「回復する力」としていたものが、プログラム後には「回復の経験を通して、価値観が広がったり、いつも支えてくれる人への感謝の気持ちが育ったり、心の成長になる」というように**回復だけでなくその後の成長も含めた認識へと変化**していました。回復後の成長というと、つらい出来事による苦しみのなかから経験される人間的な成長の実感を表す概念である心的外傷後成長（PTG：

Post Traumatic Growth）が思い浮かべられますが、本プログラムのなかでは PTG の概念には触れていないため、ここで見られた認識の変化はワークの体験をとおして自然に得られたものと考えられました。PTG のプロセスにおいては、つらい体験や自分の苦しみと徐々に向き合っていくなかで、その経験をした自分自身をどのように受け入れることができるかが 1 つの重要なポイントとされます（宅、2014）。過去の体験に対する自分のあり方を受け入れることは、そう簡単なことではなく、そのプロセスはゆっくりとていねいに行われるべきものです。本プログラムにおいて、自分の過去のレジリエンスがどのようなものであったとしても、それを多様なかたちの 1 つとして認めていくワークは、自分の過去の体験を受け入れ、PTG を実感するための 1 つの手がかりとなり得るかもしれません。

（5）変化のベースとなるレジリエンスの多様性認識

　最後に、「レジリエンスの多様性認識」についての言及が挙げられました。「写真を見て回復・落ち込みに見えるのはどれかというワークも、ストーリーをイメージするワークも人それぞれ同じではなく、違う考え方なんだなと少し驚きました。」「グループでシェアしてみて、個人個人で全く考え方が違っていたり、どんな回復方法をしているのかが違っていたりして、面白かったです。」「周りの人と落ち込み～回復の流れも大分違う事が分かったので、この人はどのようなレジリエンスなのだろうと考えながら、その人に合った対処の手助けをしてあげたいと思いました。」という記述からは、**レジリエンスが個々人によって異なることを、グループワークを通した実感として認識できた**ことがうかがえました。本プログラムでは、写真イメージやレジリエンス・オリエンテーションを用いることで、レジリエンス得点が高い・低い、資源が多い・少ない、方法が適応的・非適応的、といった優劣の基準をなるべく排する工夫を行いました。それにより、レジリエンスは絶対的なものではなく相対的なものとして捉えられ、他者の多様なレジリエンスを受容するとともに、自分のレジリエンスについても受け入れる姿勢につながったと推察されます。社会のなかに生きる人々が様々な価値観を持つことについての認識の発達は、基礎的な研究が行われているものの（長谷川、2014）、それをどのようにして育めるかという教育プログラムとしての系統的な実践の知見はまだ乏しいといえます。とりわけ青年期において他者受容と自己受容は密接にかかわり合いながら発達するものであり（上村、2007）、**心の動きの多様性の理解によって育まれる他者への寛容性を通して、自己への寛容的なまなざしを涵養すること**は、レジリエンスを促進する臨床心理学的アプローチにおいても重要な要素となると考えられます。

オンライン授業における実践（平野、2022）

１．対象

　都内の 2 つの大学において、授業の一環としてプログラムを実施しました。履修者は計 74 名であり、プログラムのワークには全ての履修者が取り組みました。履修者の専攻は文系・理系を含めてさまざまであり、学年も 1 年生〜 4 年生までの混合授業であったため、ほとんどが顔見知りではなく初対面でした。研究への同意が得られた 46 名（1 年生 19 名、2 年生 20 名、3 年生 7 名であり、男性 2 名、女性 44 名）のデータを分析の対象としました。

２．手続き

　すべての授業はオンラインで実施されたため、本プログラムのセッションもすべて web を通して提供され、参加者は自宅から PC でアクセスして取り組みました。1 週につき 1 セッションで、全 7 セッション（以下、#1 〜 #7）が実施されました。#2 〜 #6 はオンデマンド形式で、各自が一週間のなかで都合のよい時間に取り組み、#7 は指定された時間にオンライン web ミーティングに参加してもらう形式でした。オンデマンド形式の回は、前回のワークへのフィードバックと、その日に取り組むワークの説明動画を視聴した上で、個人でワークに取り組んでもらい、その後オンラインでのシェアリングを行いました。シェアリングには、パスワードを知るメンバーだけがアクセスできるオンライン・ホワイトボードを用い、常時他のメンバーの書き込みを参照したり、意見を交換したりすることが可能な場を設けました。その後ワークの解説動画を視聴した上で、振り返りレポートを提出してもらいました。#7 のオンライン web ミーティングの回は、テレビ会議システムを用いて実施し、ビデオカメラとマイクを用いてコミュニケーションをとってもらいました。

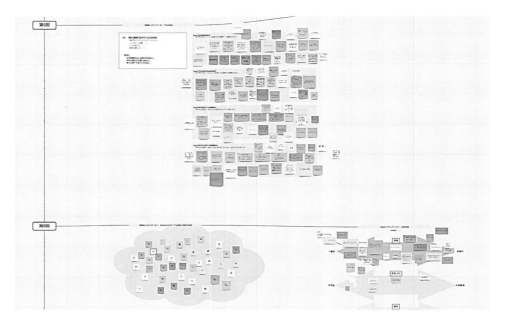

図8　オンライン・ホワイトボードの一部（文字が認識できないよう加工済）（平野、2022）

3．プログラム内容

表9　プログラム内容と形式（平野、2022 に加筆）

内容	形式	
#1 レジリエンスの多様性の理解 （ワーク1、2、3）	オンデマンド：説明動画	個人
#2 内的・外的資源に気づくための内省的ワーク （ワーク4、5）	オンデマンド： ①前回のフィードバック動画（約10分） ②ワークの説明動画（約10分） ③ワークへの取り組み ④ワークの解説動画（10〜15分） ⑤オンライン・ホワイトボードでの 　シェアリング ⑥振り返り	個人 ＋ 非同時性 シェア リング
#3 レジリエンス観に気づくための投影法ワーク （ワーク6）		
#4 志向性に気づくための場面想定法ワーク （ワーク7）		
#5 イメージに気づくための写真ワーク （ワーク9）		
#6 レジリエンス・プロフィールの作成 （ワーク10）	オンデマンド：説明動画、ワーク	個人
#7 プロフィールを用いた自己紹介ワーク （ワーク8）	オンライン web ミーティング、振り返り	グループ

（1）レジリエンスの多様性の理解（ワーク1、2、3）

　#1 では、レジリエンスの定義や測定方法に関する解説を行った上で、つらい出来事から立

ち直る方法は人それぞれ違うということ、また、個人のレジリエンスは固定的なものではなく、場によって変化する（例えば、学校でのレジリエンスと、家のなかでのレジリエンスには違いがある）ものであり、さらに時間とともに変化する（例えば、10年前とはレジリエンスが変化している）流動的なものであることを説明しました。

(2)内的・外的資源に気づくための内省的ワーク（ワーク4、5）

　#2 では、自分のレジリエンスにつながる内的資源と外的資源を認識するワークを行いました。まず個人ワークとして、日常生活のなかで落ち込みを体験したときに、どのような資源を使って立ち直っているのかについてじっくりと振り返り、自分の持っている外的資源を思い出してもらいました。また、33種類の「よいところ」についてのリストを参照しながら、少しでも自分にあてはまると思う「よいところ」を選んでもらい、自らの内的資源を確認しました。そしてシェアリングでは、自らの立ち直りに役立っている外的資源を共有し、他の参加者が書き込んだ資源を参照するなかで、それが自分にとっても資源であることに気づいたり、他者と比較して自分の資源にどのような特徴があるかといった気づきが生まれたりすることを目指しました。

(3)レジリエンス観に気づくための投影法ワーク（ワーク6）

　#3 では、自分のなかで暗黙に抱いているレジリエンス観に気づくための投影法ワークを実施しました。まずウォーミングアップとして、レジリエンスと聞いてイメージする漢字を思い浮かべてもらいました。続いて、無意識に抱いている心の構えや信念を知ろうとする投影法である文章完成法を用いて、「心の強さ…」に続く文章を完成してもらうワークを実施しました。そして自らの回答について、自分で分析を行い、「レジリエンスはどのように所有するものか」という自らのレジリエンス観についての特徴理解を深めた上で、シェアリングを行ってもらいました。

(4)志向性に気づくための場面想定法ワーク（ワーク7）

　#4 では、自分が落ち込んだ際にどのような回復を目指そうとするのかという、レジリエンスの志向性を確認する投影法ワークを実施しました。何らかの状況で落ち込んでいる登場人物が描かれた刺激画を見て、それに対する反応を記入してもらいました。その後、レジリエンス・オリエンテーションの枠組みの解説に沿って、自らの回答を自分で分類し、自分が「どのような／どのように回復を目指そうとするのか」についての理解を深めた上で、シェアリングを行ってもらいました。

（5）イメージに気づくための写真ワーク（ワーク9）

　#5では、自分にとっての「落ち込み」や「回復」がどのようなものか、無意識に抱いているイメージを認識してもらうために、自分にとって「落ち込み」のイメージにぴったりくる写真と、「回復」のイメージにぴったりくる写真を撮影してきてもらうワークを実施しました。そして、撮影された写真について自分で分析を行い、自分のレジリエンスの主観性と統制可能性についての理解を深めてもらいました。さらにシェアリングとして自分が撮影した写真をアップしてもらい、参加者が抱く落ち込みと回復のイメージが多様であることを確認してもらいました。

（6）レジリエンス・プロフィールの作成（ワーク10）

　#2〜#5で取り組んだワークを総合的に振り返り、レジリエンス・プロフィールを作成してもらいました。プロフィールシートの例として、これまでのワークで確認した自らの内的資源、外的資源、潜在的資源、レジリエンス観、回復イメージ、オリエンテーション等を書き込めるようなひな形を提示したうえで、自由に作成してもらいました。

（7）プロフィールを用いた自己紹介ワーク（ワーク8）

　#7では、オンラインwebミーティングで3〜4名のグループに分かれ、各自が作成したレジリエンス・プロフィールを元に1人5分程度の自己紹介を行ってもらった後に、これまでのワークの体験についてのシェアリングを行った上で、アイスブレイクとしてレジリエンス・ストーリーを作ってもらうグループワークを実施しました。

４．倫理的配慮

　プログラムには心理的な内省を深める内容が含まれますが、過度に侵襲的な内容を含まないよう、レジリエンスや心理介入のグループ・アプローチに関する経験を有する臨床心理士の助言を得ながら検討しました。参加者に対しては、ワークに取り組むことで心理的負担を感じる場合は中断してよいことを伝えました。また、担当者に個別に質問や相談ができる連絡先を提示し、必要に応じて活用してもらいました。なお、研究への協力依頼においては、研究の趣旨や個人情報の保護についての説明を行った上で、「参加する」とのレスポンスがあった者のみを対象としており、意志表示をしなかったために自動的に協力させられていたといったことのないようにしました。また、依頼は授業期間及び成績評価がすべて終わった後で行い、評価への影響を気にして無理に協力するといった強制力が働かないよう配慮しました。

５．分析方法

　プログラムを通して、どのような体験的変化が生じたかを探索的に検討するために、各セッ

ション後の振り返りレポートの自由記述の計量テキスト分析を行いました。#1 は講義的内容であったため、#2 ～ #5 のワーク後の振り返りレポートを分析対象としました。参加者の記述を単語レベルに形態素解析した上で、各セッションでどのような語が用いられていたかを概観し、セッションごとの共起ネットワークを図示化しました。計量テキスト分析のためのフリーソフトウェア KH Coder（樋口、2020）を用いました。形態素解析に当たっては、名詞、サ変名詞、形容動詞、形容詞、形容動詞、副詞、感動詞すべてを対象としたうえで、「レジリエンス」の語のみ選択的に抽出されるように設定しました。

６．結果と考察

#2 ～ #5 の振り返りの自由記述（26,142 語）のテキスト分析を行いました。

全データの中から 15 回以上の出現が見られた 90 種類の語について、セッション回を外部変数として共起ネットワーク図を描画しました。図には、上位 60 の共起が図示されています。各語の丸の大きさは、出現頻度に応じて大きく表示されています。図においてセッション数（四角で表示）と結合している語は、各セッションの振り返りにおいて多く出現していた語であることを意味します。また、文章中の（　）内の数字は出現回数を表します。

各セッションと語の共起から、それぞれのセッションのワークがどのように体験されていたかについて見ていきます。

７．各ワークの振り返りのテキスト分析

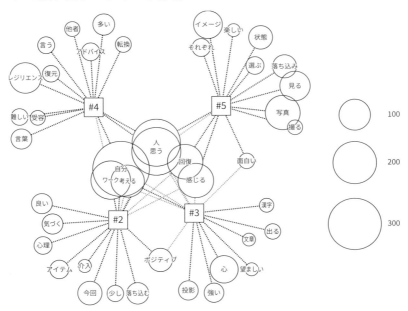

図 9　各セッション後の振り返り自由記述の共起ネットワーク（平野、2022）

(1)内的・外的資源に気づくための内省的ワーク（ワーク4、5）

　#2に特徴的な語として「アイテム（31）」「考える（30）」「ポジティブ（29）」「介入（10）」「落ち込む（14）」「気づく（13）」等が見られました。このセッションでは、ポジティブ心理学的介入の特徴を解説した上で、自らの内的・外的資源に気づくために、自分が落ち込んだときの回復アイテムを挙げるというワークが行われたため、その内容に沿った語が用いられていました。そのなかで「気づく」という語が他のセッションと比較して多く用いられていたことから、自分の資源について内省的に考えることで気づきを体験した人が多かったことがうかがえました。

　具体的な記述においても、「普段通り生活しているときに自分がマイナスのときのことを考えたことはあまりありませんでした。どのように行動したらマイナスなところから上手く元気になれるか少しわかった気がします。」「今回のポジティブ心理学的介入は、意識して考えないと分からない自分の強みを再認識することができるので、とても良い方法だと思いました」というように、自分について意識的に考えられたことや、「ワークをやってみると自分がこれまでいろいろなことを乗り越えてきたことに気づくことができた。」「回復アイテムや支えられている人の存在に改めて気づかされ、挫折したり辛いときがあったときにはこのワークを見返して自分で解決したり解決できないときは周りの人に頼りながら一生懸命生きていこうと思いました。」といった気づきの振り返りが記されていました。

(2)レジリエンス観に気づくための投影法ワーク（ワーク6）

　#3に特徴的な語として、「心（40）」「投影（32）」「強い（30）」「ポジティブ（24）」「漢字（20）」「文章（17）」「望ましい（14）」等が示されました。このセッションでは、漢字や文章を題材とした投影法を用いて、社会的望ましさが影響されないようなワークを行ったため、その内容に沿った言葉が記されていました。具体的な記述を見ると、「今回の投影法は、自分でも意識していない特徴が分かるというところが面白かったです。」「他の人の漢字を見てみると感情ではないものを選んでいる人もいて面白いと思った。」というように、参加者にとって新鮮な手法である投影法のワークを面白いと感じて取り組んでいたことが分かります。

　特筆すべきは、「ポジティブ」という言葉の用いられ方です。「いろんなポジティブの状態があるため、同じポジティブでも感じ方が違うときがあることに気づいた。」「レジリエンスに対してポジティブな視点のみで見ていることに気がつきました。」というように、ここでは、ポジティブでありたいとか、ポジティブを目指そうとするような記述ではなく、「ポジティブ」という社会的に望ましいあり方に対して少し立ち止まって疑問を持つきっかけとなった可能性が示唆されました。

(3)志向性に気づくための場面想定法ワーク（ワーク7）

　#4に特徴的な語として、「考える（36）」「アドバイス（32）」「レジリエンス（30）」「復元（26）」「言葉（25）」「転換（24）」「受容（23）」「難しい（13）」等が示されました。このセッションでは、絵の登場人物に対してアドバイスを考え、その回答を復元・受容・転換という枠組みで分類してもらうというワークを実施したため、それらの言葉の出現頻度が多くなっています。他のセッションと比べて「難しい」という記述が多かったのが特徴的です。「オンラインワークが今までで一番難しいと感じました。超越とはなんだろうとぐるぐる考えています。」といった感想に見られるように、ワークの作業が他に比べて複雑で理解しにくい側面があったことが示唆されました。

　しかし記述を概観すると、それだけではないことも読み取れます。例えば、「私は『夢に近づいているのに気づいてないだけだよ』と、希望を持たせてくれる言葉に元気をもらえることに気づきましたが、これは人によって違う感覚なのだと思うと、他人を元気づけるのって結構難しいなと感じました。」「落ち込んでいる相手が、共感を求めているのか、アドバイスが欲しいのかなど見極めることが欠かせません。それがなかなか難しいのですが。他の受講生の方々が、自分が言われたら救われる優しい言葉をかけていて、私もぜひ真似したいと思いました。」というように、ワークで他者へのアドバイスを考えるなかで、自分と他者には感じ方の違いがあるのだと強く意識し、他者への配慮ある言葉かけを行うことが難しいと感じていたことが読み取れました。

(4)イメージに気づくための写真ワーク（ワーク9）

　#5に特徴的な語としては、「写真（125）」「イメージ（67）」「回復（64）」「落ち込み（49）」「撮る（22）」「それぞれ（11）」「面白い（11）」「楽しい（9）」等が示されました。このセッションでは、自分にとっての落ち込みと回復のイメージを表す写真を撮るワークを実施しているため、それに関連する言葉が用いられています。

　最も特徴的であったのは「それぞれ」の語であり、「他の人の写真を見てみると、共感するものもあれば、共感できないものもあり、レジリエンスのイメージはやはり人それぞれであるのだと分かりました。」「心が晴れた状態、光や希望を感じた状態など人それぞれの回復の方向性があるのだと思いました。」という記述に見られるように、レジリエンスが人それぞれ違うものだということを、写真という目に見える形で実感できたことがうかがえました。

　また、写真を撮ったり選んだりという作業自体を楽しんだという感想が見られましたが、その中でも「面白い」という感想は、「皆さんのワークを見ていると本当に想像していた以上のバラエティがあって面白く感じたし、これだけレジリエンスの捉え方が人それぞれ多様であることを視覚的に確認できました。」「オンラインワークで他の方の写真を見るのも興味深く、それぞれのイメージする落ち込みと回復がどれも共感でき、その一方で自分とは全く異なる部分

を切り取っていたりと、認識の違いが面白く感じられました。」というように、単にワークが面白かったというわけではなく、シェアリングを通して触れた他の人々とのイメージの違いを面白いと感じていたことが読み取れました。

(5) 4回のワークを通した変化

　共起ネットワークを見ると、#2〜4においては「自分／考える」という語が目立つのに対し、#5では「感じる／それぞれ」といった語が多く出現していることが読み取れました。これは、プログラムの前半はワークを通して自分自身について内省的に深く考えることが中心的な体験となっていたのに対し、プログラムが進むにつれて、他者のさまざまな考え方や感じ方に開かれていったことを表している可能性が推察されました。

　これまで見てきた各ワークの振り返りの特徴を概観すると、**#2の内省的ワークにおいては自分のレジリエンスにつながる資源に気づき、#3の投影法ワークにおいては自分が社会的に望ましいレジリエンスのあり方を想定していることを認識し、#4の場面想定法ワークにおいては自分と他者の感じ方の違いを意識し、#5においては人それぞれのレジリエンスの違いを面白く感じることができていた**ことが示唆されました。

(6) プロフィールを用いたグループワークの振り返り

　#7では、作成したレジリエンス・プロフィールを用いてオンラインでのグループワークを実施しました。終了後の振り返りの自由記述のなかから、ワークに関して書かれた内容を抽出したところ、それらは〈効果的なグループワーク〉〈他者のレジリエンスへの関心〉〈レジリエンスの多様性の実感〉〈自分のレジリエンスの拡がり〉の4つの観点に大別できました。

　まず、参加者がそれまでに同じワークに取り組んできたからこそ、同じ前提を共有した上でのディスカッションが可能であったことや、お互いの意見を尊重する姿勢についても培われてきていたため〈効果的なグループワーク〉を行うことができたという声があげられました。そして、グループワークのなかで、自分とは違う他者のレジリエンスや意見を面白いと感じ、異なる考えに積極的に触れたいという〈他者のレジリエンスへの関心〉を持てたこと、また、実際に目の前で話すグループメンバーのさまざまなレジリエンスのあり方を具体的に知ることで、〈レジリエンスの多様性の実感〉を得られたことがうかがえました。さらにそれを通して、改めて自分のレジリエンス特徴を認識したり、自分のレジリエンスを他者と比較することなく認めようという姿勢を持つことができたり、同時に他者の新たな方法を取り入れてみようという気持ちを持ったりできたという〈自分のレジリエンスの拡がり〉がみられました。

　結果をまとめると、**投影法ワークを通して自身のなかにある社会的規範への気づきを得た上で、シェアリングを通して自分と他者との違いに目を向けることができ、レジリエンスが人それぞれであってよいのだと感じられる**可能性が示唆されました。また、セッションの最後にグ

表10　グループワークの感想の例（平野、2022）

効果的なグループワーク
- 一言でまとめることができないような話し合いが行われたと思いました。
- たくさん授業を行ってきたからなのか、考え方が全く違っていました。
- 良い雰囲気で真剣にディスカッションができて楽しめました。レジリエンス・プロフィールを使った自己紹介が良い効果を生み出したのではないかと思います。
- 皆がこれまでの授業を真面目に受けてきたからこそ、レジリエンスを共通言語として話すことができ、充実したディスカッションになりました。
- 「私も同じ！」「それ幸せだね！」など、その人の意見に対して賛成する声もあって楽しくグループ活動することができました。

他者のレジリエンスへの関心
- 他の人のレジリエンスがどのようなものなのかを聞けて、参考になった。
- 全員のレジリエンス・ストーリーを聞いて、それぞれの考え方が違うことに関心が持てました。
- 自分の意見と違った意見が聞けたとき、新たな視点が取り入れられて勉強になりました。
- 他のメンバーのレジリエンス・プロフィールを見るのが面白かったです。普通の自己紹介よりも、相手のことを深く理解できたような気がします。
- 自己紹介からレジリエンス・ストーリーにわたり、意見が十人十色で自分が予想できないような発想やストーリーに出会えたことは楽しかったです。

レジリエンスの多様性の実感
- レジリエンスが多種多様なものだということが、改めて分かったように思う。
- 実際に他の方のレジリエンス・プロフィールの説明を受けて、改めてその多様性を実感しました。
- 同じテーマでもこれだけみんな考えることが違うのかと驚きました。
- レジリエンス・プロフィールはグループ内でも多様で、その人それぞれの個性を表していると思いましたし、レジリエンス・ストーリーもグループによって全く異なって面白かったです。
- 回復アイテムやその人の感じる心の強さなどを知るだけでその人の性格や考え方も分かってレジリエンスが私たちの生活を支えていると言っても過言ではないと感じました。

自分のレジリエンスの拡がり
- 私自身は他人に受容してもらう（主に共感してもらう）ことで今まで乗り越えてきたことが多かったのですが、皆さんとストーリーを共有してみて人の手を借りず自分自身が変わることで回復するという方もいたので、人それぞれ違ってとても興味深く良い発見ができました。
- たった30人ほどでもこれほど多様なレジリエンスを感じることができて思うのは、自分なりの生き方やストレスの扱い方は本当に十人十色でそこに良しあしや正解はないということです。当たり前ではあるのですが、自分だけがうまくストレスに対して強くないんだと思ってしまうことが多かったので、こうして客観的に考えると自分らしいレジリエンスを持っていればそれで十分で、他人と比較したりする必要はないのだと感じることができました。
- 自分とは異なるレジリエンス・ストーリーをたくさん聞けて、グループの人と意見を共有しながら1つの新しいストーリーを作ることができて、非常に楽しかった。今後、辛いときに他の人の意見をもっと聴いていこうと思った。

ループワークを行うことで、**他の参加者のレジリエンスへの関心を持ち、レジリエンスの多様性を実感できること、さらに自分自身のレジリエンスを認めたり拡げたりすることにもつながる**可能性がうかがえました。

　プログラムの振り返りにおいては、ワークを楽しみ、さらに他者との違いを楽しんだという振り返りが多く語られました。また、「自分には何もよいところがない」「何も書けなかった」

といった記述は１つもなく、すべての参加者がスムーズにプロフィールを作成できていました。ワークの前に、私たちの自己評価が社会的規範に影響されやすいことを説明し、そこから脱することが必要であることをしっかりと伝えたことで、「できていない自分」という否定的認識が行われにくかったと考えられます。また、ホワイトボードを用いた間接的なグループワーク形式は、不安が高い人にとっても他者が脅威と感じられにくかったのではないかと想像します。

　このことから本プログラムは、自身のポジティブな側面や資源に気づくことが難しい人や、グループ・アプローチに抵抗の強い人にとって、有用なアプローチとなり得る可能性があります。ただし、今回の実践は授業の一環として実施されたものであり、ドロップアウトが生じにくい状況でした。予防的介入においては、いかにモチベーションを維持させるかという点は課題となりやすいため、ドロップアウトを防ぐためにはもう少しセッション数をおさえた方がよいかもしれません。

　また、本プログラムは非対面のオンラインで実施されましたが、そのことによる大きなトラブルや、参加者からのネガティブな反応は見られませんでした。オンラインでのグループワークは、対面よりも交換できる情報量が制限されてしまう一方で、対面でのグループワークで緊張しやすい神経症傾向の高い人々にとってもコミュニケーションがとりやすい形式であることが指摘されています（Ross et al., 2009）。なるべく多くの人に同じような効果が期待できるようなプログラムを提供することを目指す意味でも、本アプローチのオンライン実施の可能性を引き続き模索していくことは有用であると考えられます。

おわりに

　本書では、その人がすでに持っているレジリエンスへの気づきを促すことに力点を置き、その人らしいレジリエンスを「発揮できるようになる」ことを目指したプログラムの考案を試みました。

　本書のプログラムの一番の特徴は、ワークに投影法を用いたことです。近年、臨床の現場でも使われることが少なくなっている投影法を、レジリエンス・アプローチに用いようと思ったきっかけは、私自身が臨床の場で多くの投影法検査を実施するなかで、投影法検査の持つ価値を実感していたからです。その価値とは、社会のなかに存在する「よい―悪い」という評価からの脱却を助けてくれる可能性です。私が臨床経験を積ませていただいた精神科病院という場は、病気等によって"能力が低下した"状態にある方がいる場所です。例えば、認知症によって記憶力が低下している方、思考障害によって思考が混乱してしまっている方、精神症状によって行動が緩慢になっている方…といった方たちです。その方々に、心理士として検査をとることが私の主な任務であったわけなのですが、知能をはじめとする能力を数値化することを繰り返すなかで、「患者さんの持っている力をアセスメントする」と言いながらも、やはりどこかで「能力は高い方がよい」という前提で評価を行わざるを得ないことにモヤモヤとした感情を抱き続けていました。少ないより多い方がよい、遅いより速い方がよい、浅いより深い方がよい、暗いより明るい方がよい…こうした社会のものさしから逃れたくて、そうではない例——例えば、複雑であるよりもシンプルであることの価値——を必死に探そうとする一方で、自分自身も生活のいたるところで「より早く」「より多く」「より高く」「より美しく」…ということを無意識に求めていることに気づき、自己矛盾を感じました。しかも、自身が取り組んできた研究は、レジリエンスを得点化する尺度開発であり、私自身が人のレジリエンスを「高い―低い」と評価する基準を作ってしまっていることをもどかしく思っていました。

　そうしたなかで、投影法検査によるアセスメントは、比較的「よい―悪い」という評価が行われにくいものでした。知能検査で低い数値を示した人が、投影法検査のなかでは、面白いセンスの色で絵を描かれたり、とても印象的な回答を残されたり、めずらしい経験を表現されたり。もちろんそのなかにも「上手い―下手」といった基準が生まれるときもありますが、少なくとも数値による一義的な評価よりはずっとユニークな評価が行われます。「味がある」「趣がある」「おもしろい」…レジリエンスにおいても、そのように「よい―悪い」から脱した評価を拡げていくために、投影法が活用できればと考えました。

　本書のプログラムのもう1つの特徴は、「イメージ」の持つ力を大切にしていることです。レジリエンス・アプローチにおいては一般的に、その個人が現在持っているリソースや、これ

までにやってきたことを、きちんと認識できるようになることを促します。これはレジリエンスをエンパワーする上でとても重要なことで、本書のプログラムでもこうしたワークを盛り込んでいます。また、レジリエンス・アプローチにおいて重視されている別の要素として、現実をより適応的に認識するための認知スキルがあります。これについては本プログラムには含めていませんが、変えられない現実の捉え方を変えることで、感情や行動に好循環をもたらすことは、本人のレジリエンスの可能性を拡げ促進する上でとても有益であると考えます。

　これらは言い換えると、過去や現実に起こった「事実」をいかに認識するかに働きかけることでレジリエンスを促進しようとする姿勢です。そうした「現実をいかに認知するか」がレジリエンスのキーポイントであるということは、多くの研究者・実践家の間で共有されているように思います。私自身もそのように認識しながら研究を行っていたのですが、一方で、必ずしもそうではないのではないかと思いはじめました。

　個人的な話になりますが、私は飼っていた猫を亡くしたとき、本当につらくて泣いてばかりの日々を過ごしました。そのときに自分の回復を一番支えたことは何であったかというと、猫の死を意味付けたり、今自分の周りにあるリソースを認識することではなく、「空を飛んで世界中を旅している愛猫を想像すること」でした。そして、家族とメールを使って「いまはフランスにいるよ」「お空を飛ぶのが上手になってきたよ」と、あたかもまだ生きているかのように猫からのメッセージを送り合うなかで、涙を流す回数が少しずつ減っていきました。つまり、そのときの私のレジリエンスは、まったく現実に即さない、イメージの世界によって支えられていたということです。「イメージがレジリエンスを促進する」という話になると、途端に学術的な論理性やエビデンスから離れる印象を受ける方も多いと思います。実際、今回のプログラムのワークはいずれも量的な分析を行うことの難しいものであるため、なかなか研究として示していくことが難しい側面がありました。数字の出てこない研究は、どうしても「ふんわりとした」ものになってしまい、学術的な説得力を持たせることの難しさを感じました。ただ一方で、実際の自分の心に立ち戻ってみると、私たちの心を底の方で支えるものは、明確な事実や論理的な根拠といったものではなく、遠い昔に誰かに寄り添ってもらった感覚であったり、漠然とした安心感であったり、かすかな期待であったりというような、「ふんわりとした」ものであることもまた真実であるように思います。

　本書のプログラムの実践研究では、ワークを通して自身のなかにある社会的規範に気づきや、他者との違いへの気づきが得られ、レジリエンスが人それぞれであってよいのだと感じられたという声を聞くことができました。また、そのようにして自分のレジリエンスを大切に思うだけでなく、他の人のレジリエンスのあり方を取り入れて、自身のレジリエンスをさらに拡げる可能性がうかがえました。１つ１つのワークは、古くからある投影法をもとにしたもので、特別に新しいものではありません。また、従来の優れたレジリエンス・プログラムと比較

すると、まだまだブラッシュアップの必要があり、本書のプログラムは新しいレジリエンス・アプローチとしてはまだ始まったばかりです。ですが、このワークに取り組むなかで、自身のレジリエンスを少しでも大切に思うきっかけとなる方がいれば幸いです。

　本書のワークを考案する上では、さまざまな方々のお力添えをいただきました。ワークの考案や分析に共に取り組んでくださった綾城初穂様、データの整理・分析をお手伝いくださった今泉加奈江様、大高和子様、梅原沙衣加様、平野研究室の院生の皆様、プログラムに取り組みフィードバックを下さった講義の受講生の皆様、大保佳代様、ありがとうございました。そして、臨床実践にともに取り組み、ワークを考案していただいた小倉加奈子様、システム開発を通しデザインのご協力をいただいたクエストコンピュータの飯塚日志様・畠村智子様、アートフルの船戸大輔様・尾田ほの香様、ありがとうございました。また、ワークの土台を支える基礎研究の実践においては、小塩真司先生、上野雄己先生に大変お世話になりました。そして、本書の出版を実現させてくださった金子書房の岩城様に感謝いたします。その他、レジリエンスの研究・実践を通して、さまざまな対話をしてくださった多くの皆様に心よりお礼申し上げます。

平野真理

本研究のワークの
もととなった
研究の紹介

①二次元レジリエンス要因尺度（平野、2010）

ここで、レジリエンス尺度のうちの１つである、二次元レジリエンス要因尺度（ワーク５で実施）について少し詳しく紹介します。

人のパーソナリティ、すなわち性格は、生まれてから死ぬまで変化し続けますが、パーソナリティのなかには、生まれ持った気質のように変わりにくい部分もあると言われています。Cloninger et al.（1993）は、パーソナリティを、持って生まれた特性に影響を受けやすい「気質」と、発達のなかで身につけていく「性格」に分けて測定する気質─性格理論を提唱しました。「気質」はドーパミンやセロトニンの遺伝子多型との関連が想定されており、「性格」は自己成熟の度合いとの関連が想定されています。パーソナリティにおいて、このように生得的な気質の影響があると考えるならば、レジリエンスを導く内的資質についても、同様に気質の影響を強く受ける特性があることが予想されます。そこで、この気質─性格理論をもとに、レジリエンスを導く内的資質のうち「気質」と関連の強い要因〔資質的要因〕と、「性格」と関連の強い要因〔獲得的要因〕を抽出することで、レジリエンス要因のなかで発達のなかで変化しにくいものと変化しやすいものを分けて測定することを目指した尺度が、二次元レジリエンス要因尺度です。大学生ら約 1,000 名への質問紙調査を通して尺度開発を行い、資質的要因としては、楽観性、社交性、統御力、行動力、獲得的要因としては、問題解決志向、自己理解、他者心理の理解が見出されました（平野、2010）。

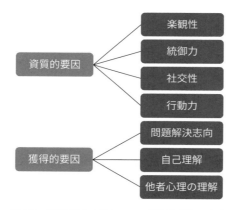

図10　二次元レジリエンス要因尺度の内容

これらの要因は、発達のなかでどのように変化していくのでしょうか。まず資質的要因についてですが、中学１年生から高校３年生までの横断データを見ると、学年によって各要因が高くなったり低くなったりというような変化の傾向が見られました（平野、2013）。理論的に考えると、資質的要因は変化しにくい特性であるため、この結果は矛盾しているように見えま

す。しかしこのデータが示しているのは、個人のなかの潜在的な資質的要因が、発達のなかで顕在化していくことであると考えることができます。

　一方で獲得的要因は、発達のなかで身につけやすい特性であるため、年齢が上がるにつれて相対的に多くなっていくのであろうという予想が立ちますが、男子においても女子においても、学年が上がるにつれて獲得的要因の得点が上がるというような傾向は見られませんでした。すなわち、獲得的要因は単純に年齢を重ねることで高まっていくわけではないことがわかります。

　そこでさらに、レジリエンス要因が日常的なライフイベントによってどのように変化するかについて検討しました。3ケ月の間隔をあけて2度の調査を行い、その間に起こったライフイベントとレジリエンス要因の変化の関連を分析したところ、「何らかの目標を達成できた」というような経験が、3ケ月後の獲得的要因にわずかに影響する傾向が見られました（平野、2012）。つまり、何らかの成功体験によって、後天的なレジリエンスである獲得的要因を高めることができる可能性が示唆されたといえます。

　ちなみに、20歳から69歳の日本人成人5,143名を対象とした大規模調査を実施した結果、資質的要因についても獲得的要因についても、レジリエンスは年齢と共に上昇することが示されました（上野ほか、2018）。

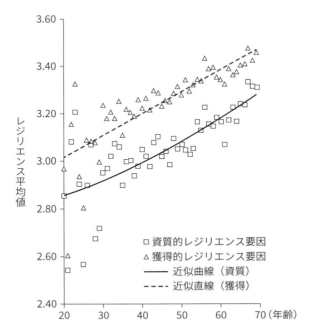

図11　レジリエンス要因の年齢による変化（上野ほか、2018）

②異なる「場」と「時間」によるレジリエンスの拡がり（平野、2020a：2020b）

１．対象

20 〜 49 歳の男女 600 名

２．調査内容

①生活における 2 つの異なる場の「自分」の想定

「人は生活を送るなかで、さまざまな場で異なる役割を持っていたり、異なる『自分』を持っていたりすることがあります。あなたのなかの、異なる 2 つの場の『自分』を思い浮かべ、どのような場の自分であるのか、A と B に書いてください」と教示し記入を求めました。異なる場がない人は「家の中にいる自分（A）」と「家の外にいる自分（B）」を想定してもらいました。

②レジリエンス：二次元レジリエンス要因尺度（平野、2010）

①で想定した A の自分と B の自分のそれぞれを想定して回答を求めました。

③人生満足度：人生に対する満足尺度日本版（Diener, 1985; 角野、1994）

④自尊感情：自尊感情尺度（Rosenberg, 1965; 桜井、2000）

なお、分析にあたっては、二次元レジリエンス要因尺度の総合得点の低い方を A の自分、得点の高い方を B の自分として扱いました。

⑤過去・現在・未来に自分が有する「よいところ」のリストを提示し、現在の自分が有していると思う特性、10 年前の自分が有していた特性、10 年後の自分が有していると思う特性について、あてはまるものをすべて選んでもらいました。現在の自分が有する「よいところ」については、A と B の自分それぞれを想定して選んでもらいました（平野、2020 a：2020b）。

３．結果と考察

(1)異なる「場」の想定によるレジリエンス尺度得点の差

同じ尺度に対する同時点の回答であっても、想定する場や役割によってレジリエンス得点に差が生じることが示されました。とりわけ生活のなかで異なる場を持っている人は、差の平均値は 6.70 点（$SD=6.55$）と大きかったのですが、異なる場はないと答えた人であっても、家のなかと外の自分に平均 3.34 点（$SD=4.88$）の差が見られました。**このことから、レジリエンスの自己理解を促す尺度回答やワークにおいて、生活の異なる場を複数想定してもらうことで、潜在的なレジリエンスが見出せる可能性が示唆されました。**

また、「異なる場がある」と答えた人の方が総合的にレジリエンス得点は高かったため、生活のなかで多面的な自分の存在を意識してもらうことも、レジリエンスの促進につながる可能性がうかがえました。

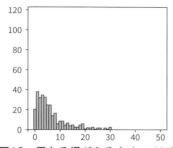

図12　異なる場がある人（*n*＝321）
得点差の平均：6.70 点（*SD*＝6.55）

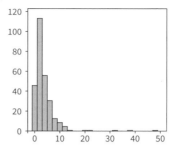

図13　異なる場がない人（*n*＝279）
得点差の平均：3.34 点（*SD*＝4.88）

（2）「場」によるレジリエンス得点の差と自尊感情

　一方で、「場」によるレジリエンス得点の差が大きいほど、自尊感情が低くなりやすいという弱い負の相関が示されました。つまり、生活のなかで、レジリエンスが発揮できている場面と、できていない場面の差が激しい場合に、自尊感情が不安定になりやすいようです。

（3）過去・現在・未来の「よいところ」の数と精神的健康

　過去・現在（場面 A ／ B）・未来の自分の「よいところ」の数を比較した結果、過去＜現在＜未来の順に多くなっていました。

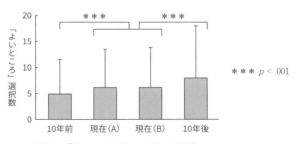

図14　「よいところ」の数の比較

　続いて、過去・現在・未来のどの時点において最も多く「よいところ」を有すると認識していたかによって、過去高群（*n*＝38）、現在高群（*n*＝250）、未来高群（*n*＝184）、同点群（*n*＝128）に群分けを行い、人生満足度と自尊感情得点を比較しました。その結果、過去高群に比べて現在高群の自尊感情得点が高いことが示されました。このことから、**未来の可能性を想定できるようになることよりも、現在の自分が過去と比べて豊かであることを実感できるようになることが、自尊感情に関わる重要な視点である可能性が示唆されました。**

117

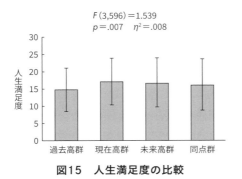

$F(3,596)=1.539$
$p=.007$　$\eta^2=.008$

図15　人生満足度の比較

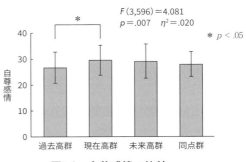

$F(3,596)=4.081$
$p=.007$　$\eta^2=.020$

＊ $p < .05$

図16　自尊感情の比較

（4）「よいところ」の変化

　過去の自分の「よいところ」が、現在も引き続き自分の「よいところ」として存在すると答えた割合は平均で40.7%（$SD=.414$）、現在の「よいところ」が、未来でも変わらないだろうと想定された割合は平均で35.6%（$SD=.371$）でした。

　変化しやすいと想定されやすかった「よいところ」は、「安らぎ」「謙虚さ」「親切」などでした。

表11　過去から現在にかけて新たに得た
　　　　と認識されやすかった特性（順位）

過去から現在に獲得						
1	安らぎ	190	31.7%	17	頼りがい	117	19.5%
2	親切	168	28.0%	18	にこやか	114	19.0%
3	気遣い	168	28.0%	19	向学心	107	17.8%
4	愛情	166	27.7%	20	公平さ	106	17.7%
5	謙虚さ	161	26.8%	21	元気	98	16.3%
6	感謝	156	26.0%	22	思慮深さ	96	16.0%
7	許容力	142	23.7%	23	気品	94	15.7%
7	誠実さ	139	23.2%	24	器用さ	91	15.2%
8	冷静さ	139	23.2%	25	情熱	90	15.0%
10	社交性	131	21.8%	26	希望	85	14.2%
11	忍耐力	128	21.3%	26	勇気	85	14.2%
12	ねばり強さ	126	21.0%	28	愛らしさ	83	13.8%
13	前向きさ	121	20.2%	29	繊細さ	82	13.7%
14	正直さ	120	20.0%	30	信念	80	13.3%
14	面白さ	120	20.0%	31	才能	78	13.0%
16	柔軟性	118	19.7%	32	センス	75	12.5%
				33	美しさ	60	10.0%

表12　未来の自分が新たに得る
　　　　と認識されやすかった特性（順位）

現在から未来に獲得						
1	安らぎ	115	19.2%	17	元気	87	14.5%
2	謙虚さ	114	19.0%	18	冷静さ	82	13.7%
3	親切	111	18.5%	19	にこやか	79	13.2%
4	ねばり強さ	110	18.3%	20	柔軟性	75	12.5%
5	気遣い	108	18.0%	21	頼りがい	74	12.3%
6	社交性	105	17.5%	22	器用さ	73	12.2%
7	正直さ	101	16.8%	23	許容力	71	11.8%
8	情熱	100	16.7%	24	繊細さ	69	11.5%
9	愛情	98	16.3%	25	希望	63	10.5%
10	前向きさ	95	15.8%	26	勇気	62	10.3%
10	忍耐力	95	15.8%	26	信念	62	10.3%
12	向学心	94	15.7%	28	思慮深さ	61	10.2%
13	感謝	93	15.5%	29	才能	55	9.2%
14	誠実さ	91	15.2%	30	気品	53	8.8%
14	面白さ	91	15.2%	31	センス	49	8.2%
16	公平さ	88	14.7%	32	愛らしさ	48	8.0%
				33	美しさ	37	6.2%

③文章完成法に投影されるレジリエンス（平野・綾城、2019）

１．対象

心理学を学ぶ大学生１〜４年生　287名

２．調査内容

文章完成法として、「心の強さ＿＿＿＿＿＿」等の刺激文に続けて思い浮かぶ文章を、自由に記述してもらいました。

３．分析

記述内容について、類似性の観点からカテゴリー分類を行った上で、質的研究であるKJ法を使いカテゴリー間の関係を総合的に検討しました。その結果、「心の強さ」という言葉から連想された記述は14のカテゴリーに分類され、【定義】【位置づけ】【保有】の３つに分類されました。

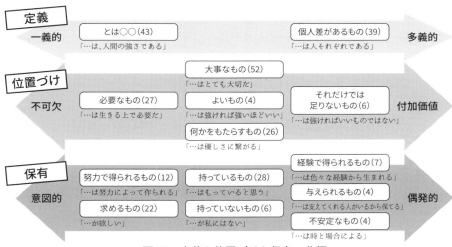

図17　定義と位置づけと保有の分類

ちなみに、「心の強さ＿＿＿＿＿＿」ではなく、「落ち込みから立ち直る＿＿＿＿＿＿」という言葉に続く文章も回答してもらいましたので、ご紹介します。

「落ち込みから立ち直る＿＿＿＿＿＿」
　　　力がある
　　　のは早いほうがいい

のは自分次第だ

強さを持っている

ことができる人は成長できる

そして、新たな道を行く

時の流れが解決してくれるから

には支えが必要だ

ことで人は強くなる

勇気が欲しい

には、友達と話すのが一番だ

ことが大切だと思う

立ち直ったときのパワーは大きい

ときもあるし、立ち直れないときもある

過程が重要

ことで明日が楽しくなる！

④刺激画に投影されるレジリエンス（平野・綾城・能登ほか、2018：平野、2022）

１．対象

18 ～ 30 歳の男性 500 名、女性 500 名

２．調査内容

　12 種類の落ち込み状況を示した刺激画を提示し、登場人物が立ち直れるためのアドバイスを回答してもらいました。12 種類の場面は、P-F スタディで標準化されているフラストレーション場面の開発手順を参考に、レジリエンスが発揮され得る 12 の落ち込み状況場面を設定し、登場人物の反応を答えてもらう形の刺激画を作成しました。具体的には、Rosenzweig（1938）が P-F スタディの開発にあたって、フラストレーション状況を「どのように満たされないか」（欠乏〔もともとない〕／喪失〔あったものを失った〕／葛藤〔あるがうまくいかない〕）の 3 種類×「満たされない要因」（外部的〔自分以外に原因がある〕／内部的〔自分に原因がある〕）の 2 種類を組み合わせた 6 種類で整理し場面設定を行った手順に倣い、落ち込みをもたらすストレス状況を同様の 6 種類から設定することとしました。ただし、ストレス状況のなかでも対人場面におけるストレスは特に我が国においては強い影響を持つことが指摘されているため（橋本、2003）、ストレス状況を一般ストレス場面と対人ストレス場面の 2 場面に分けた上で、それぞれに 6 種類の図版を作成することとしました。

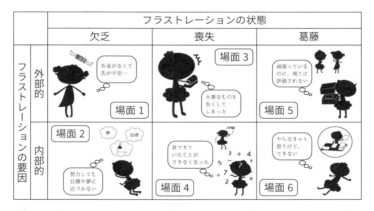

図18　一般ストレス場面の 6 種類の図版（平野・綾城・能登ほか、2018）

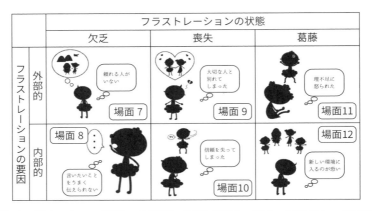

図19　対人ストレス場面の 6 種類の図版（平野・綾城・能登ほか、2018）

３．分析

　質的分析を行った結果、投影法を通して個人が「どのような種類のレジリエンス」を「どのような手だてによって」目指すのかという志向性、すなわちレジリエンス・オリエンテーションが反映されることが見出されました。具体的には、ストレスのない状態へと向かおうとする【復元】、ストレスフルな状況を受け入れようとする【受容】、ストレス状況の認識や意味づけを変えていこうとする【転換】の 3 種類の志向性と、それらを一人で達成しようとする【一人】、他者を通して達成しようとする【他者】、運や時間など人の力を超越した何かによって達成しようとする【超越】の 3 種類の達成の手立ての、あわせて 9 種類の組合せで整理されました。これにより、従来のレジリエンス尺度による評価で見落とされていた、「どのように回復・適応するのか」という質的な個人差についても、より豊かに評価することができる可能性が示唆されました。

（1）用いるオリエンテーションの数

　回答者が 12 場面を通して用いたオリエンテーションの種類は、平均 5.20 種類（SD＝1.13）でした。男性の平均は 5.12 種類（SD＝1.16）、女性の平均は 5.27 種類であり（SD＝1.10）、性差はほぼ見られませんでした。

（2）図版ごとのオリエンテーションの傾向および一般的反応

　次に、図版ごとのオリエンテーションの傾向を確認し、各ストレス状況で一般的にどのような反応が得られやすいのかについて検討しました。各図版における各オリエンテーションの出現率から、3 分の 1 以上の者が同じオリエンテーションを回答した 10 反応を、一般的反応とみなしました。一般的反応の回答率の平均は 45.28 ％でした。

（3）オリエンテーション・タイプ

　一人の個人が、全場面を通してどのようなオリエンテーションを用いる傾向があるかを理解する枠組みを得るために、復元・受容・転換の回答率からクラスター分析（Ward 法）を行いました。その結果、3 種類をバランスよく用いるバランス型（ n ＝319）、復元と転換を用いる復元・転換型（ n ＝236）、復元を主に用いる復元型（ n ＝272）、転換を主に用いる転換型（ n ＝81）、受容を主に用いる受容型（ n ＝92）の 5 タイプが見出されました。各タイプで自己記入式尺度得点がどのように異なるかを分散分析および Tukey の多重比較で確認したところ、受容型の尺度得点のみ有意に低いことが示されました（ F (4,995)＝4.38, p < .01, η^2 ＝.017）。

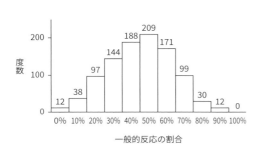

図20　一般的反応の分布（平野、2022）

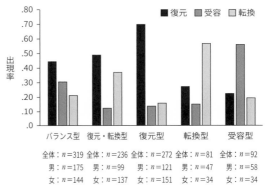

図21　オリエンテーションの 5 タイプ
〈クラスター分析〉（平野、2022）

表13　各場面における各オリエンテーションの出現率（平野、2022）

			欠乏		喪失		葛藤	
			外部的	内部的	外部的	内部的	外部的	内部的
一般場面			場面1	場面2	場面3	場面4	場面5	場面6
オリエンテーション	一人	復元	44.94%○	33.90%○	26.23%	22.72%	9.70%	45.30%○
		受容	10.81%	20.10%	11.31%	18.32%	5.80%	6.50%
		転換	13.31%	14.50%	26.43%	33.63%○	23.60%	19.40%
	他者	復元	4.20%	0.70%	1.10%	0.40%	0.70%	1.80%
		受容	2.80%	3.10%	2.10%	5.51%	3.60%	7.60%
		転換	4.00%	13.90%	0.40%	12.21%	10.50%	11.00%
	超越	復元	3.00%	6.40%	27.03%	4.00%	39.30%○	2.60%
		受容	15.32%	5.50%	3.80%	2.00%	1.20%	4.30%
		転換	0.30%	0.50%	0.30%	0.00%	4.00%	0.00%
	わからない		1.30%	1.40%	1.30%	1.20%	1.60%	1.50%
対人場面			場面7	場面8	場面9	場面10	場面11	場面12
オリエンテーション	一人	復元	22.90%	65.20%○	7.84%	71.20%○	12.34%	33.97%○
		受容	4.70%	3.80%	14.17%	6.30%	48.45%○	5.71%
		転換	29.10%	9.30%	19.80%	8.30%	6.52%	12.73%
	他者	復元	22.00%	1.80%	0.60%	1.40%	1.10%	2.61%
		受容	2.20%	3.30%	3.62%	2.20%	7.72%	4.31%
		転換	1.90%	4.60%	1.21%	1.20%	13.04%	16.43%
	超越	復元	11.30%	7.70%	37.39%○	2.30%	1.00%	11.62%
		受容	3.20%	1.90%	11.06%	5.30%	6.52%	11.02%
		転換	0.30%	0.10%	1.91%	0.10%	1.50%	0.20%
	わからない		2.40%	2.30%	2.41%	1.70%	1.81%	1.40%

○：一般的反応

⑤写真に投影されるレジリエンス（平野・綾城・梅原、2018）

１．対象

心理学関連の授業を履修した女子大学2年生134名

２．手続き

授業において、約20分の間に、大学構内で自分にとっての「落ち込み」と「回復」のイメージを表す写真を撮影してきてもらいました。その後、各1枚を選択してもらい、なぜそれらが「落ち込み／回復」イメージであるのかの理由を自由記述で求めました。

３．結果

ロールシャッハ・テストにおけるスコアリングの視点を参考に、①どこに捉えたか、②どのような根拠から捉えたか、③何を写しているか、という3点について分析しました。

（1）どこに捉えたか

各写真に何がどのように写されているかについて、全体的な傾向を知るために、写した対象の方向（上向き、水平、下向き）、写した対象の大きさ（枠に占める割合が1/3以下、半分、3/4以上）、写した対象と撮影者の距離（3m未満、3～10m、10m以上）の観点から整理しました。落ち込みの写真では、水平あるいは下向きの写真が多く、回復の写真では水平方向の写真が多い傾向がありました。対象の大きさは、落ち込み写真においても回復写真においてもばらつきが大きく、対象との距離は3m以内の近いものが多く見られました。

表14　写真の捉え方

	分類基準	落ち込み	回復
方向	上	10	43
	水平	56	71
	下	68	21
対象の大きさ	小（1/3以下）	36	37
	中（半分）	40	42
	大（3/4以上）	61	55
対象との距離	小（～3m）	69	98
	中（3～10m）	36	27
	大（10m）	30	11

（2）どのような根拠から捉えたか／何を写しているか

「回復」写真の説明文について、ラベル化を行った上で、各ラベルの類似性からカテゴリー化し、その後カテゴリー間の関係を総合的に検討しました。その結果、両者はレジリエンスの

文脈性（複数要素の関係で生じる状況〜対象のみ〜主体のみ）と主観性（対象の客観的特性・状態〜対象の心理的体験〜主体の心理的体験）から整理することができました。そして、「何を写しているか」は、その人がレジリエンスを環境・他者からもたらされるものと捉えているか、自分の意志で得るものと捉えているかを反映している可能性が読み取れ、一方で「どのような根拠から捉えたか」は、その人がレジリエンスを認知的なものと捉えているか、行動・体験的なものと捉えているかを反映している可能性が示唆されました。

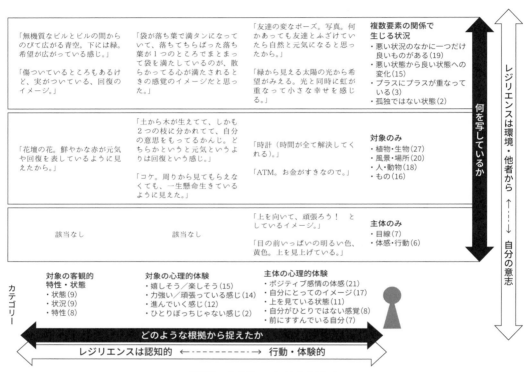

図22　レジリエンスの捉え方

⑥物語を通した相互承認アプローチ（Hirano, 2021）

１．対象

18 〜 69 歳の女性 34 ペア（計 68 名）

２．手続き

　身近な他者に対して、「相手との関係を思い起こす」という枠組みに沿った物語を作成し、相手との思い出や、相手への感謝、相手への肯定的評価を伝えるワークを実施しました。相手との関係性を物語のメタファーで表現し、そのメタファーを通して間接的に相手への評価を伝える・受け取るという形式によって、直接的な言語評価のもたらす抵抗感を和らげることをねらいました。なお、完全に自由な物語作成は負担が大きいと考えられるため、ある程度基盤となるストーリーをあらかじめ設定した枠組みのなかで、負荷がかからないように物語作成ができるようなワークを設計しました。

　具体的には、「相手のことを思い浮かべて作ってください」と教示をした上で、次の 2 つのワークに取り組んでもらいました。1 つ目は、「相手との思い出」です。32 種類の趣味のリスト（お茶、球技、楽器、海など）のなかから 1 つ選び、そのときの思い出について独自に作文をしてもらいました。もう 1 つは、「相手のよいところ」を伝えるための部分である 33 種類の「よいところ」のリストのなかから 3 つを選び、相手の「よいところ」のエピソードについて独自に作文をしてもらいました。

３．調査内容

①レジリエンス：二次元レジリエンス要因尺度（平野、2010）21 項目

②自尊感情：自尊感情尺度（桜井、2000）10 項目

③被受容感：被受容感・被拒絶感尺度（杉山・坂本、2006）のうち、被受容感因子の 8 項目

④自分の「よいところ」の選択：物語作成の際にも用いた「よいところ」のリストのなかから、「あなたご自身が持っている『よいところ』をすべて選んでください」と教示し、選択を求めました。

⑤感想の自由記述

４．結果と考察

(1)贈り手のレジリエンス・自尊感情・被受容感の変化

　贈り手のレジリエンス、自尊感情については有意な得点変化は見られませんでしたが、被受容感については作成後に得点上昇が見られました（ $t(33)＝-2.67, p＝.012, d＝-.29$ ）。このことから、**他者のことを肯定的に評価する作業を通して、自らが他者から受け入れられている**

感覚が増大したことが示唆されました。

(2)受け取り手のレジリエンス・自尊感情・被受容感の変化

　受け取り手のレジリエンス、自尊感情については有意な得点上昇、被受容感については有意傾向で得点上昇が見られました（レジリエンス t(33)＝－2.25, p ＝ .031, d ＝－.24；自尊感情 t(33)＝－2.06, p＝.048, d＝－.24；被受容感 t(33)＝－2.02, p＝.052, d＝－.22）。このことから、**他者からのポジティブフィードバックを受けることで、自らの内的資質への気づきが促進される**ことが示唆されました。

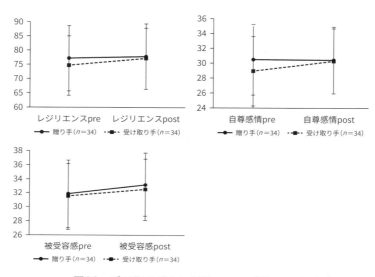

図23　受け取り手のレジリエンス（Hirano, 2021）

付録：レジリエンス・オリエンテーションの回答分類

場面1 「お金がなくて先が不安…」

| | | レジリエンスの手だて | | |
		一人	他者	超越
オリエンテーションの種類	復元	・行動する 働いていればどうにかなる 毎月貯金しよう 副業しよう ・手だてを考える 収支の見直しをしてみる 具体的な解決方法を考えよう 社会福祉を利用しよう	・助けてもらう お金貸そうか？ 親に頼んでみるのは？ いい仕事教えるよ	・期待する 宝くじを当てよう 臨時収入があるかもしれない きっと給料が上がるよ
	受容	・考えない 先のことを考えるのはよそう 今を大事にしよう とりあえず忘れよう ・受け入れる 少し我慢すればどうにかなる 仕方がない ま、いっか	・共感される お金がないとつらいよね きついね なかなか仕事ないよね ・否定される もっと働くべきだったね 甘い	・委ねる なんとかなるさ 金は天下の回りもの 体さえ壊さなければどうとでもなる
	転換	・捉え方を変える お金が全てじゃない お金で幸せは買えないよ お金は使うためにあるんだよ ・方向を変える お金以外の大事なものを見つけよう お金がないなりに楽しむ方法を考えよう 家族や友達がいるじゃないか	・相対化される けっこう皆もお金ないよ 私の方がお金ないですよ みんな不安を抱えながら生きている ・認められる 今をきちんと生活できているじゃないか 向上しようとしているから大丈夫 自覚してるだけまし	・報われる いま乗り切れば絶対いいことあるよ 苦労すれば必ず報われる

場面2 「努力しても目標や夢に近づかない」

| | | レジリエンスの手だて | | |
		一人	他者	超越
オリエンテーションの種類	復元	・行動する 諦めたらそこで終わりだよ 続ければいつか必ず結果がでる 一歩ずつ確実に進んでみよう ・手だてを考える 目標は明確かな？ やり方を変えてみよう いろんなアプローチの仕方があるよ	・助けてもらう 周りに協力してもらおう 誰かに相談しよう 人に頼ることも重要かもよ	・期待する 前進してる限りいつかは到達するよ 今が耐えどきだよ そのうち運が回ってくるはず
	受容	・考えない 気分転換しよう いったん休んでみたら？ 今はやりたいことだけやってみたら？ ・受け入れる 諦めも肝心 好きなことやれてるならいいじゃない それがいまの実力	・共感される わかる 苦しいね つらいよね ・否定される 努力が足りていないかもよ やる気を出さんかい	・委ねる そういうときもあるよ 努力より運の世界 なるようにしかならん
	転換	・捉え方を変える 達成しなければずっと追いかけられる 周り道も良いかもしれないよ その分叶ったときの嬉しさが増すよね ・方向を変える 夢は1つじゃないよ 大きな目標を掲げるだけが夢じゃないよ ほかに自分が得意なことを目指そう	・相対化される 人間だれでも壁にぶつかるよ あなただけではないから大丈夫 大抵の人間は夢を掴むことなく死ぬ ・認められる 何もしないより、努力しただけでもまし 頑張ってる姿、素敵だよ 努力できるのも才能だよ	・報われる いつか努力は報われるから 努力は無駄にはならないよ

場面3 「大事なものを失くしてしまった」

		レジリエンスの手だて		
		一人	他者	超越
	復元	**・行動する** 頑張って探さなきゃ 見つからないとは限らない 意外なところにあるかもよ	**・助けてもらう** 一緒に交番に行こうか みんなで探そう 代わりにこれを使いなよ	**・期待する** 忘れた頃に出てくると思うよ きっとどこかにあるはず 誰かが見つけてくれるかもしれない
		・手だてを考える どこで失くしたか考えて 焦らず1つずつ思いだそう 警察に届けよう		
オリエンテーションの種類	受容	**・考えない** 忘れよう 楽しいことを考えよう 一回考えるのをやめてみよう	**・共感される** それは気の毒に 一番後悔してるのは自分だよね めっちゃ落ち込むよね、わかるよ	**・委ねる** 本当に大切なものはきっとかえってくる 見つからないのも運命だよ いつかそのことも忘れられるよ
		・受け入れる 縁がなかったのかもね 形あるものいつかは壊れる 失くしたものはしょうがない	**・否定される** 管理が悪かったね 取られたのかもよ	
	転換	**・捉え方を変える** 心のなかには残ってるよ 守ってくれたんだよ 失くして悲しいほど大事なものがあるって幸せ	**・相対化される** 皆いろんなものを失くしている	**・報われる** 新しい出会いがあるかも 失くしものがあれば、得るものもあります 拾った人を救っているかも
		・方向を変える 新しく大切なものを見つけよう 思い出を大切にしていこう これを機にあまりものに執着しないようにしよう	**・認められる** よくここまで大切にしてきたね	

場面4 「昔できていたことができなくなった」

		レジリエンスの手だて		
		一人	他者	超越
	復元	**・行動する** もう一度挑戦してみようよ 今からでも遅くはない 昔できたなら、今もできるよ	**・助けてもらう** 手伝おうか 無理せず人を頼ろう 自分の体験を話す	**・期待する** またできるようになる また慣ればできるようになるよ すぐに昔の感覚が思い出せるよ
		・手だてを考える やり方を変えよう 何か原因があるはず 昔の事を思い出してみよう		
オリエンテーションの種類	受容	**・考えない** くよくよ気にしない ドンマイ 一回やすもう	**・共感される** 年をとるのはやだね 分かるよ 不安になるね	**・委ねる** いまだけさ 大丈夫 何とかなる
		・受け入れる できなくてもいいじゃん 昔は昔、今は今 あきらめよう	**・否定される** 普段から鍛えないから 本当に昔できていたの？	
	転換	**・捉え方を変える** 勉強するきっかけができたね できなくても困らないことも多い 新しいことをたくさん覚えたからだよ	**・相対化される** 人間はそういうものです みんな感じることだから心配ない 歳はとるもので誰でも一緒	**・報われる** 昔の経験はきっと何かの役に立つよ
		・方向を変える 他にできることはない？ 今できることを頑張ろう 他の方法で補おう	**・認められる** それだけ今までやってきたんだよ 他にできるようになったことが増えたでしょ こんなことができていたの？　すごいね	

場面5 「頑張っているのに周りに評価されない」

		レジリエンスの手だて		
		一人	他者	超越
オリエンテーションの種類	復元	**・行動する** もうひと踏ん張りしてみよう もっと努力しよう 積み重ねが大切 **・手だてを考える** もっとアピールすることが大事 やり方を変えてみたら 周りの人間を変えてみよう	**・助けてもらう** 誰かに相談しよう 一度他の人に聞いてみたら 周りの人にたずねてみる	**・期待する** 一発逆転があるかも 評価してくれる人は絶対いる いつかわかってもらえる
	受容	**・考えない** 評価は気にしない 深く考えずに地道に続けよう クヨクヨしない！ **・受け入れる** 仕方がない あきらめる もう頑張らなくていい	**・共感される** わかる！ 困ったね みんなわかってないよね **・否定される** 本当に頑張ってるの？ 評価されようと思っているからダメ 努力が足りません	**・委ねる** 忘れた頃に評価されるものだよ 評価は後からついてくる 誰かはきっとみてるよ
	転換	**・捉え方を変える** 評価は目に見えないほうがいい 自分が頑張ったことに価値がある 縁の下の力持ち **・方向を変える** 何か1つ見返してやれ 自分で自分を評価してあげよう 誰も見てないからサボっちゃえ	**・相対化される** 世の中そんなもの 正当な評価をされないのはよくあること 先駆者はいつもそうさ **・認められる** 評価しないやつが悪い 私は評価してるよ よく頑張ってるね	**・報われる** 神様は見ている 地道な努力は必ず報われるよ 努力は人を裏切らない

場面6 「やらなきゃと思うけれど、できない」

		レジリエンスの手だて		
		一人	他者	超越
オリエンテーションの種類	復元	**・行動する** やるしかない 少しづつでもやっていこう 何も考えずやり始めよう **・手だてを考える** できない理由を考えてみよう 気持ちを高める環境にする 計画を立ててみよう	**・助けてもらう** 一緒にやろう！ 周りに頼ってみよう 相談しよう	**・期待する** ギリギリでも何とかなる そのうちやる気が出るよ きっかけがあればできる
	受容	**・考えない** 思い詰めないでね ちょっと休んでみよう リラックス **・受け入れる** できないことはしょうがない あきらめる やめよう	**・共感される** そういうときもあるよね 実際めんどくさいよね なかなかできないよね **・否定される** やらなきゃと思ってない 気合が足りないよ 後回しにすると大変になるよ	**・委ねる** やりたくなったらやればいい 明日は明日の風がふく 何とかなる
	転換	**・捉え方を変える** 人生、休むことも重要だよ やるやらないは自由 難しいのが悪いよ **・方向を変える** 別のことをしよう やりたいことをすればいい 自分で決めよう	**・相対化される** みんなやってないかも よくあることです **・認められる** 思っただけでも前進 頑張ってるってことだよ それでいいよ	**・報われる** この苦しみはきっと糧になる

場面7 「頼れる人がいない」

オリエンテーションの種類		レジリエンスの手だて		
		一人	他者	超越
	復元	**・行動する** 自分を信じてやってみよう 行動範囲をひろげよう 自分から壁を作らないほうが良いよ	**・助けてもらう** 私でよければ頼って 周りに正直に話して助けてもらおう あなたには家族がいるよ	**・期待する** これから出会える 誰かが助けてくれる 仲間が見つかるさ
		・手だてを考える 参考になる本を読もう 公的機関に相談だ 自分のスキルをアップしてみよう		
	受容	**・考えない** 気にするな 気晴らしをしよう 悩みを忘れよう	**・共感される** それはつらいね 心細いよね	**・委ねる** ぼちぼちいく ひとりでもなんとかなるよ きっと生きていける
		・受け入れる しょうがない 弱い自分を認めよう あきらめる	**・否定される** それなら自分でなんとかしなきゃ	
	転換	**・捉え方を変える** 自分で好きなようにできる 人に頼ると余計面倒になりそうだ 自立してる証拠	**・相対化される** 人はみんな孤独なんだ ひとりで頑張ってる人もたくさんいる 私もいないけどどうにかなるよ	**・報われる** その分誰かの助けになるんだ その分自分の能力が上がるよ その分強くなれる
		・方向を変える 自分で全部やる 自分が人から頼られる人になろう 自分の力を信じよう	**・認められる** ひとりで頑張って来たなんてすごいね 今まで自分で何でもやってきたんだね だって君はとても頼りがいがあるもの	

場面8 「言いたいことがうまく伝えられない」

オリエンテーションの種類		レジリエンスの手だて		
		一人	他者	超越
	復元	**・行動する** 練習しよう もっとはっきり言おう 分かってもらうまで粘る	**・助けてもらう** ゆっくりでいいから教えて？ 俺で練習してみたら？ 伝え方を一緒に考えよう	**・期待する** 誠意があればきっと伝わるよ いつかは分かってもらえる 気持ちは伝わるよ
		・手だてを考える 伝えられないって言ってみる 文書で伝えよう 言い方を変えてみよう		
	受容	**・考えない** 落ち着いて あんまり深く考えないで 気にしない	**・共感される** その気持ちわかるよ 素直に言うのは難しい なかなか言葉にできないことってあるよね	**・委ねる** 何とかなる 伝わらなくても大丈夫だよ
		・受け入れる しょうがないよ それがあなただよ 口下手なだけ	**・否定される** できたら苦労しない じゃあ何も言うな	
	転換	**・捉え方を変える** 一生懸命伝える気持ちが大事 相手の理解力が無いんだ 考える力を養ってる	**・相対化される** よくあること 上手く言える人って少ないよ 日本人だからね	**・報われる** いつかきっと理解者と出会える
		・方向を変える 相手の話の聞き上手になろう 言葉じゃなくて動作でもいいんじゃない なら、分かってくれる人だけ	**・認められる** 不器用でもいいよ 一生懸命悩んでいるんだね ありのままで大丈夫	

場面9 「大切な人と別れてしまった」

		レジリエンスの手だて		
		一人	他者	超越
オリエンテーションの種類	復元	・行動する 諦められないならもう一度頑張れ あきらめないで 素直に謝ろう ・手だてを考える 納得行くまでしっかり詰めるべき 早めに手を打とう	・助けてもらう いっしょにいるよ なんでも話聞くよ 友達を頼ろう	・期待する よりを戻すといいね 縁があればまた出会えるよ きっとうまくいくよ
	受容	・考えない 何も考えない まずは寝よう 飲みに行こう ・受け入れる しょうがない あきらめる 今はたくさん落ち込もう	・共感される つらかったね いっぱい泣いていいよ 大変だったね ・否定される 失ってから気づく 本当に大切なら別れていないはず	・委ねる そういう運命だった 時間が癒してくれる 出会いと別れは繰り返すもの
	転換	・捉え方を変える 別れは次の出会いのはじまりだよ 運命の人ではなかったんだよ きっとお互いにとっていい決断だよ ・方向を変える 新しいことを見つけよう これまで以上に友達を大切にしよう 自分を見つめなおす時間だよ	・相対化される 大切な人がいない人も多い よくあること あなただけじゃない ・認められる 別れて悲しい大切な人がいるって幸せ 残念だったけれど、お互い素敵な時間だったね 君がそう判断したなら間違ってないさ	・報われる その分、他の大切なものが得られる これからの糧になるよ 別れがあなたを強くするよ

場面10 「信頼を失ってしまった」

		レジリエンスの手だて		
		一人	他者	超越
オリエンテーションの種類	復元	・行動する 信頼を取り戻す努力をしよう もう一度話してみよう 誠実に謝ろう ・手だてを考える 他のことで挽回しよう 原因を改善する 信頼回復する方法を考えよう	・助けてもらう 何があったの 誰かに相談しよう 頼れる人が見つかるよ	・期待する きっと挽回できるさ きっと信じてもらえるよ 少しずつ取り戻せるよ
	受容	・考えない 考え過ぎるな 気にしないようにしよう 早く忘れよう ・受け入れる そういうこともある あきらめる 自分の過ちを認めよう	・共感される 残念だね つらいよね どうしよう ・否定される 失ったものを取り返すのは難しいよ 自分の責任だ 反省しよう	・委ねる なるようにしかならないよ わかってくれるときがくる 今だけだよ
	転換	・捉え方を変える これから信頼が上がる一方 ピンチはチャンス 自分の欠点が見えてよかった ・方向を変える わかってくれる人を大切にしよう 別世界を開拓しよう あまり関わらないでおこう	・相対化される 自分が思ってるほどみんな考えてないよ そんなもんだよ ・認められる 自分は信頼してるよ 少なくとも一度信頼を築けたのは立派だよ	・報われる 今後は同じ轍を踏まずに済む

場面11「理不尽に怒られた」

オリエン テーション の種類		レジリエンスの手だて		
		一人	他者	超越
	復元	・行動する 相手と話し合ってみよう 自分の気持を伝えよう 文句を言いにいこう ・手だてを考える 次から怒られないように原因を考える 今は耐えて反撃する 状況を整理してみよう	・助けてもらう 力になるよ 他の人に相談してみよう 私が話してこようか	・期待する 誤解はいつか解けるんじゃないかな 評価される日が来る
	受容	・考えない 気にするな 相手にしない 寝て忘れよう ・受け入れる 変な人はどこにでもいるから 機嫌がよくなかったのだろう そういうときもあるから許そう	・共感される それはひどい 怒ることないのにね あの人腹立つよね ・否定される 自分も悪かったんだ 本当にそう？	・委ねる ついてなかっただけ むしろいどころがわるかった 時間がたてば楽になるよ
	転換	・捉え方を変える 反面教師だと思ってみる あなたに期待しているってことだよ 自分は大人だと思おう ・方向を変える 見返してやろう 悔しさを別のことにそそいでみる 自分は人に理不尽に怒らないようにしよう	・相対化される 理不尽なことはいっぱいある 世の中は理不尽だらけ 社会はそういうものだよ ・認められる みんなわかっているよ いいわけしなくて偉いね 頑張って耐えたね	・報われる 頑張った分だけ報われるよ きっと、いつか自分の種になるよ 次はいいことがある

場面12「新しい環境に入るのが怖い」

オリエン テーション の種類		レジリエンスの手だて		
		一人	他者	超越
	復元	・行動する 怖いけど馴染んだら楽しいよ ほんの少しの勇気を出してみよう リラックスしていこう ・手だてを考える なぜ怖いのか一緒に考えよう 話題のネタを考えてみる まずは観察	・助けてもらう 一人じゃなくて誰かと一緒に行こう 誰かが話しかけてくれるよ 私が仲介してあげるよ	・期待する 入ってみればそれほどでもないかもよ すぐに仲良くなれるよ きっと新鮮で面白いよ
	受容	・考えない 考えないようにしよう 気にしないでおこう ・受け入れる 無理して入ることはないよ 最初から頑張らなくてもいいんだよ ありのままの自分で	・共感される 分かるよ 不安がないわけないよね 当然だよ ・否定される それでは相手も受け入れがたいよ いつまでたっても変わらないままだよ	・委ねる みんな仲良くしてくれると思うよ 時間が経てば慣れるよ 気楽にいってみよう
	転換	・捉え方を変える 大きなチャンスだ！ 死ぬわけじゃないよ 環境変化を楽しもう ・方向を変える ひとりでもやってける！ 新しい環境だけが全てじゃないよ たまには自分の世界を大切にする	・相対化される あなただけじゃないと思うよ 最初は誰だって不安だよ みんな乗り越えてるから大丈夫 ・認められる 今までもやってきたじゃない 君なら大丈夫 素のままでいれば平気だよ	・報われる 成長する一歩だよ クリアできたら楽しいことが待ってると思うよ

134

引用・参考文献

青木直子（2009）．小学校1年生のほめられることによる感情反応―教師と一対一の場合とクラスメイトがいる場合の比較　発達心理学研究, 20（2）, 155-164.

Blau P. M.（1977）. Inequality and heterogeneity：A primitive theory of social structure. Free Press: New York.

Cloninger, C. R., Svrakic, D. M., & Przybeck, T. R.（1993）. A psychobiological model of temperament and character. *Archives of general psychiatry,* 50（12）, 975-990.

DeRosier, M. E., Frank, E., Schwartz, V., & Leary, K. A.（2013）. The potential role of resilience education for preventing mental health problems for college students. *Psychiatric annals,* 43（12）, 538-544.

Diener, E. D., Emmons, R. A., Larsen, R. J., & Griffin, S.（1985）. The satisfaction with life scale. *Journal of personality assessment,* 49（1）, 71-75.

遠藤由美（1997）．親密な関係性における高揚と相対的自己卑下　心理学研究, 68（5）, 387-395.

Fletcher, D., & Sarkar, M.（2013）Psychological resiltence：A review and critique of definitions, concepts, and theory. *European Psychologist,* 18, 12-23.

Fraser, M. W.（Ed.）（2004）. Risk and Resilience in Childhood: An Ecological Perspective, 2nd ed. Social Workers：Washington,DC.

Fredrickson, B. L. & Cohn, M. A.（2008）. Positive emotions. In: Lewis M, Haviland-Jones J.M, Barrett L.F,（Eds.）. Handbook of Emotions. 3rd ed. Guilford Press: New York, pp. 777-796.

Gillham, J. E., Abenavoli, R. M., Brunwasser, S. M., Linkins, M., Reivich, K. J., & Seligman, M. E.（2013）. Resilience education. In: Susan, A.D., Ilona, B., Amanda, C.A.,（Eds.）Oxford Handbook of Happiness. Oxford University Press: New York, N.Y., pp. 609-630.

長谷川真里（2014）．信念の多様性についての子どもの理解―相対主義, 寛容性, 心の理論からの検討　発達心理学研究, 25（4）, 345-355.

橋本 剛（2003）．対人ストレスの定義と種類―レビューと仮説生成的研究による再検討　静岡大学人文論集, 54（1）, 21-57.

林寺陽子（2015）．性格について「ほめる」・「ほめられる」状況における心理的反応と自己・他者の捉え方との関連―認知的・感情的側面に着目して　龍谷大学大学院文学研究科紀要, 37, 97-117.

樋口耕一（2020）．社会調査のための計量テキスト分析―内容分析の継承と発展を目指して　第2版　ナカニシヤ出版

平野真理（2010）．レジリエンスの資質的要因・獲得的要因の分類の試み―二次元レジリエンス要因尺度（BRS）の作成　パーソナリティ研究, 19（2）, 94-106.

平野真理（2012）．二次元レジリエンス要因の安定性およびライフイベントとの関係　パーソナリティ

研究, 21(1), 94-97.

平野真理(2013). 中高生における資質的・獲得的レジリエンス要因の様相―学年差と性差の検討　日本教育心理学会第55回総会発表論文集, 168.

平野真理(2015). レジリエンスは身につけられるか　東京大学出版会.

平野真理(2017). 資質を涵養する―パーソナリティ心理学　臨床心理学, 17(5), 669-672.

平野真理(2018). 心のレジリエンス　奈良由美子・稲村哲也(編著)レジリエンスの諸相―人類史的視点からの挑戦　放送大学教育振興会　pp.230-246.

平野真理(2022). レジリエンスとは何か　指導と評価, 68(7), 23-25.

平野真理・綾城初穂・能登眸・今泉加奈江(2018). 投影法から見るレジリエンスの多様性―回復への志向性という観点　質的心理学研究, 17, 43-64.

平野真理・小倉加奈子・能登眸・下山晴彦(2018). レジリエンスの自己認識を目的とした予防的介入アプリケーションの検討―レジリエンスの「低い」人に効果的なサポートを目指して　臨床心理学, 18(6), 731-742.

Hobfoll, S. E., Mancini, A. D., Hall, B. J., Canettid, D., & Bonanno, G. A. (2011). The limits of resilience: Distress following chronic political violence among Palestinians. *Social Science and Medicine,* 72, 1400–1408.

Howard, S., Dryden, J., & Johnson, B. (1999). Childhood resilience: Review and critique of literature. *Oxford review of education,* 25(3), 307-323.

井隼経子・中村知靖(2008). 資源の認知と活用を考慮したResilienceの4側面を測定する4つの尺度　パーソナリティ研究, 17(1), 39-49.

石毛みどり・無藤隆(2005). 中学生における精神的健康とレジリエンスおよびソーシャル・サポートとの関連―受験期の学業場面に着目して　教育心理学研究, 53(3), 356-367.

Jackson, D., Firtko, A., & Edenborough, M. (2007). Personal resilience as a strategy for surviving and thriving in the face of workplace adversity: A literature review. *Journal of Advanced Nursing,* 60(1), 1-9.

情報・システム研究機構新領域融合センターシステムズ・レジリエンスプロジェクト(2016). システムのレジリエンス―さまざまな擾乱からの回復力　近代科学社

Kabat-Zinn, J. (1994). Wherever you go, there you are: Mindfulness meditation in everyday life. Hyperion: New York.

川喜田敦子・西芳実(2016). 歴史としてのレジリエンス―戦争・独立・災害　京都大学学術出版会

Kibe, C., Suzuki, M., Hirano, M. & Boniwell, I. (2020). Sensory processing sensitivity and culturally modified resilience education: Differential susceptibility in Japanese adolescents. *PLoS One,* 15(9), e0239002.

菊池安希子(2011). 精神病の認知行動療法における外在化技法　ブリーフサイコセラピー研究, 20(2),

70-81.

小林知博(2012). 親しい他者との間の自己・他者評価の関係性およびそれらの評価が社会的適応に及
ぼす影響 対人社会心理学研究, 12, 129-134.

児島達美(2010).「問題の外在化」再考 ブリーフサイコセラピー研究, 19(2), 67-76.

Luthar, S. S.(2006). Resilience in development: A synthesis of research across five decades. In D.
Cicchetti, D. & Cohen, D.J.（Eds.), Developmental psychopathology: Risk, disorder, and adapta-
tion, vol.3, 2nded. Wiley: New York, pp. 739-795.

Luthar, S. S., Cicchetti, D., & Becker, B.(2000). Research on resilience: Response to commentaries.
Child development, 71(3), 573-575.

Lynch, M. & Cicchetti D.(1998). An ecological-transactional analysis of children and contexts: The
longitudinal interplay among child maltreatment, community violence, and children's symptom-
atology. *Development and Psychopathology,* 10, 235-257.

真船浩介・小杉正太郎(2007). コーピング方略の状況特異性に関する縦断的研究 心理学研究, 77(6),
512-518.

Markus, H. R., & Kitayama, S.(1991). Culture and the self: Implications for cognition, emotion, and
motivation. *Psychological review,* 98(2), 224-253.

Masten, A. S., Best, K. M. & Garmezy, N.(1990). Resilience and development: Contributions from the
study of children who overcome adversity. *Development and Psychopathology,* 2(4), 425-444.

Masten, A. S., & Obradović, J.(2006). Competence and resilience in development. *Annals of the
New York Academy of Sciences,* 1094(1), 13-27.

森知子(1983). 質問紙法による人格の二面性測定の試み. 心理学研究, 54(3), 182-188.

森敏昭・清水益治・石田潤・冨永美穂子(2002). 大学生の自己教育力とレジリエンスの関係 学校教
育実践学研究, 8, 179-187.

村上美穂(2018). 遺伝子からみた類人猿とヒトの心のレジリエンス 奈良由美子・稲村哲也(編著)
(2018). レジリエンスの諸相―人類史的視点からの挑戦 放送大学教育振興会 pp.56-71.

Murray, H. A.(1943). Thematic apperception test. Harvard University Press: Cambridge, MA.

野村晴夫(2003). 心理療法における物語的アプローチの批判的吟味―物語概念の適用と運用の観点か
ら 東京大学大学院教育学研究科紀要, 42, 245-255.

小塩真司・中谷素之・金子一史・長峰伸治(2002). ネガティブな出来事からの立ち直りを導く心理的
特性―精神的回復力尺度の作成 カウンセリング研究, 35(1), 57-65.

小塩真司・岡田涼・茂垣まどか・並川努・脇田貴文(2014). 自尊感情平均値に及ぼす年齢と調査年の
影響―Rosenbergの自尊感情尺度日本語版のメタ分析 教育心理学研究, 62(4), 273-282.

Oshio, A., Taku, K., Hirano, M. & Saeed, G.(2018). Resilience and Big Five personality traits: A meta
Analysis. *Personality and Individual Differences,* 127(1), 54-60.

Peterson, C., & Seligman, M. E. P. (2004). Character strengths and virtues: A handbook and classification. Oxford University Press: New York/American Psychological Association: Washington, DC.

Rosenzweig, S. (1938). A general outline of frustration. *Character & Personality,* 7, 151-160.

Rosenzweig, S. (1978). The Rosenzweig Picture-Frustration (P-F) Study: Basic manual. Rana House: StLouis.

Ross, C., Orr, E. S., Sisic, M., Arseneault, J. M., Simmering, M. G., & Orr, R. R. (2009). Personality and motivations associated with Facebook use. *Computers in Human Behavior,* 25(2), 578-586.

齊藤和貴・岡安孝弘 (2010). 大学生用レジリエンス尺度の作成　明治大学心理社会学研究 , 5, 22-32.

桜井茂男 (2000). ローゼンバーグ自尊感情尺度日本語版の検討　筑波大学発達臨床心理学研究 , 12, 65-71.

佐野勝男・槇田仁 . (1960). 精研式文章完成法テスト解説―成人用　金子書房

Schmitt, D. P., & Allik, J. (2005). Simultaneous administration of the Rosenberg Self-Esteem Scale in 53 nations: Exploring the universal and culture-specific features of global self-esteem. *Journal of personality and social psychology,* 89(4), 623-642.

菅沼慎一郎 (著)・下山晴彦 (監修) (2018).〈前向きな諦め〉を促すインターネット認知行動療法―日本文化にそくした心理支援のために　ミネルヴァ書房

杉山崇・坂本真士 (2006). 抑うつと対人関係要因の研究―被受容感・被拒絶感尺度の作成と抑うつ的自己認知過程の検討　健康心理学研究 , 19(2), 1-10.

角野善司 (1994). 人生に対する満足尺度 (the Satisfaction With Life Scale) 日本版作成の試み　日本教育心理学会総会発表論文集 第 36 回総会発表論文集 , 192.

高崎文子 (2013). ほめの効果研究のモデルについての一考察　熊本大学教育学部紀要 , 62, 129-135.

竹田七恵・山本眞利子 (2013). 日本人大学生のレジリエンス尺度の開発及びレジリエンスと立ち直りと精神的健康に関する研究　久留米大学心理学研究 , 12, 1-8.

宅香菜子 (2014). 悲しみから人が成長するとき―PTG　風間書房

上村有平 (2007). 青年期後期における自己受容と他者受容の関連―個人志向性・社会志向性を指標として　発達心理学研究 , 18(2), 132-138.

上野雄己・平野真理・小塩真司 (2018). 日本人成人におけるレジリエンスと年齢の関連　心理学研究 , 89(5), 514-519. https://doi.org/10.4992/jjpsy.89.17323

渡邊芳之 (1999). 性格の一貫性と相互作用論―新しい性格感の確立　行動科学 , 38(1), 61-66.

Weeks, J. W., Heimberg, R. G., & Rodebaugh, T. L. (2008). The fear of positive evaluation scale: Assessing a proposed cognitive component of social anxiety. *Journal of anxiety disorders,* 22(1), 44-55.

White, M. & Morgan, A. (2006). Narrative therapy with children and their families. Dulwich Centre Publications: South Australia.

Wright, M. O. D., Fopma-Loy, J., & Fischer, S. (2005). Multidimensional assessment of resilience in mothers who are child sexual abuse survivors. *Child abuse & neglect,* 29 (10), 1173-1193.

山本眞利子・近松正孝・山園エリ・阿部美咲・岡田紀子・吉田渉人 (2012). ブリーフセラピーの包括的ストレングス TEBB モデルに基づく認知療法・認知行動療法的アプローチの試み―現在・未来志向の認知づくり　久留米大学心理学研究 (久留米大学文学部心理学科・大学院心理学研究科紀要), 11, 23-34.

本書のベースとなっている文献

●本書のアプローチの実践と効果

・グループワークを用いた実践

平野真理(2019a). 潜在的レジリエンスへの気づきを目的としたプログラムの試験的検討―グループワークによる多様性認識を通して　東京家政大学附属臨床相談センター紀要, 19, 31-45. を再構成

（ワーク8）

・オンライン授業を用いた実践

平野真理(2022). レジリエンスの多面的プロフィール作成プログラムの検討―非対面・非同時性のグループ・アプローチを用いて　東京家政大学研究臨床相談センター紀要, 22, 53-71. を再構成

（ワーク10）

●本研究のワークのもととなった研究の紹介

①二次元レジリエンス尺度

平野真理(2010). レジリエンスの資質的要因・獲得的要因の分類の試み―二次元レジリエンス要因尺度(BRS)の作成　パーソナリティ研究, 19(2), 94-106. を再構成　　　　　（ワーク5）

②異なる「場」と「時間」によるレジリエンスの拡がり

平野真理(2020a). レジリエンスの変化はどのように想定されるか―過去・現在・未来の自分が有するポジティブ特性の比較　日本パーソナリティ心理学会第29回大会論文集, 75. を再構成

（ワーク5）

平野真理(2020b). レジリエンスは「場」によって変わるか―異なる場の自分を想定した同一尺度への回答の比較　日本心理学会第84回大会, PB-099. https://doi.org/10.4992/pacjpa.84.0_PB-009 を再構成

（ワーク5）

③文章完成法に投影されるレジリエンス

平野真理・綾城初穂(2019). 文章完成法に投影されるレジリエンスの検討　日本質的心理学会第16回全国大会プログラム抄録集, 70. を再構成

（ワーク6）

④刺激画に投影されるレジリエンス

平野真理・綾城初穂・能登眸・今泉加奈江(2018). 投影法から見るレジリエンスの多様性―回復への志向性という観点　質的心理学研究, 17, 43-64. を再構成

（ワーク7）

平野真理(2022). 投影法を用いたレジリエンス・オリエンテーション・テスト(PRO-Test)の作成にむけた検討　東京家政大学研究紀要人文社会科学, 62(1), 63-68. を再構成

（ワーク7）

⑤写真に投影されるレジリエンス

平野真理・綾城初穂・梅原沙衣加(2018). 写真に表現されたレジリエンスの主観性と文脈性―回復の統制可能性を読み取る　日本質的心理学会第15回全国大会プログラム抄録集, 104. を再構成

（ワーク 9）

⑥物語を通した相互承認アプローチ

Hirano, M.（2021）. Positive evaluations expressed through original stories: An intervention to promote resilience in Japan. *Japanese Psychological Research,* 63（4）, 277-287. を再構成

（ワーク 11）

●その他

平野真理・小倉加奈子・能登眸・下山晴彦（2018）. レジリエンスの自己認識を目的とした予防的介入アプリケーションの検討―レジリエンスの「低い」人に効果的なサポートを目指して　臨床心理学, 18（6）, 731-742.
（ワーク４、５）

平野真理（2019b）. 他者をほめること・他者からほめられることを通した自己の肯定的評価―日本人女子大学生に効果的なレジリエンス教育にむけて―　東京家政大学研究紀要人文社会科学, 59（1）. 61-70.
（ワーク５、11）

著者紹介

平野真理（お茶の水女子大学准教授）

臨床心理士、公認心理師、博士（教育学）。専門は臨床心理学、パーソナリティ。東京大学特任助教、東京家政大学専任講師を経て現職。

レジリエンスの個人差について、尺度や投影法を用いて理解する方法や、レジリエンスがどのような体験・他者とのかかわりの中で身につけられていくのか、また、心理的に傷つきやすい人の持つよさを尊重しながらエンパワーする方法等について研究している。著書に『レジリエンスは身につけられるか』（東京大学出版会）『レジリエンスの心理学』（金子書房、共編著）等。

自分らしいレジリエンスに気づくワーク
潜在的な回復力を引き出す心理学のアプローチ

2023 年 3 月 31 日　初版第 1 刷発行　〔検印省略〕

著者　　平野真理
発行者　金子紀子
発行所　株式会社　金子書房
　　　　〒 112-0012　東京都文京区大塚 3-3-7
　　　　電話　03（3941）0111　　FAX 03（3941）0163
　　　　振替　00180-9-103376
　　　　ホームページ　https://www.kanekoshobo.co.jp/
印刷　藤原印刷株式会社　　製本　一色製本株式会社

ⒸMari Hirano 2023
ISBN 978-4-7608-2690-2 C3011
Printed in Japan